AF290501

edition **+ plus**

Isabell Kösling

Sind Hausaufgaben Hausfriedensbruch?

*Wie Eltern mit dem IST-Zustand umgehen
können und zu guten Lernbegleitern werden*

Isabell Kösling

Sind Hausaufgaben Hausfriedensbruch?

Wie Eltern mit dem IST-Zustand umgehen können und zu guten Lernbegleitern werden

Copyright © Mathias Voelchert GmbH Verlag
Verlagsredaktion: Mathias Voelchert GmbH
Korrektorat: Nuka Matthies
Umschlaggestaltung: Mathias Voelchert GmbH und Sead Mujić
Typografische Bearbeitung und Satz: Sead Mujić
Herstellung BoD – Books on Demand , Norderstedt
Printed in Germany
ISBN 978-3-947101-13-9

Wie auch als eBook mit der ISBN 978-3-947101-26-9

Copyright für die deutsche Ausgabe 2019
© by Mathias Voelchert GmbH Verlag, Windberg, edition + **plus**
1. Auflage 2019

Kontakt: mvg@mathias-voelchert.de
www.familylab.de
www.bimw.de

Inhalt

Isabell Kösling,
Jahrgang 1977, lebt mit ihren vier Kindern im Landkreis Starnberg südwestlich von München. In eigener Praxis arbeitet sie als integrative Lerntherapeutin und Familienberaterin und unterstützt Kinder und Jugendliche und deren Familien in herausfordernden Lebenssituationen und darin, den Alltag harmonischer und fröhlicher zu gestalten. Im Rahmen ihrer Tätigkeit für *familylab.de* gibt sie Seminare und hält Vorträge zu verschiedenen Themen rund um Schule, Lernen und Familie. Mit ihrer Arbeit unterstützt sie Lehrer, Eltern, Kinder und Familien, persönliche Grenzen zu überwinden und sich so anzunehmen und zu akzeptieren, wie sie sind, denn darin liegt der Grundstein zur persönlichen Entwicklung. Sie möchte Menschen darin unterstützen, für sich selbst und andere Raum für Entfaltung zu schaffen, und Impulse für gesunde, nährende Beziehungen geben.

Einleitung

Zunächst hatte ich diese Zeilen für mich selbst geschrieben. Es sollte ein Leitfaden sein, um Eltern und Schüler, so allumfassend wie es mir möglich war, darin zu unterstützen, mit der Hausaufgabensituation besser klarzukommen. Die kürzeste Version, mit der ich einigermaßen zufrieden war, umfasste elf Seiten. Elf Seiten waren allerdings schon mehr, als ich ursprünglich als Kurzleitfaden haben wollte, denn ich beabsichtigte, nur Anregungen zu geben. Ich wollte kein fertiges Konzept präsentieren, dem Eltern geneigt wären, ohne eigene Gedanken und Ideen und dem Abgleich mit eigenen Vorstellungen, Werten und Wünschen zu folgen. Es sollte eine Kurzbeschreibung sein, die man innerhalb eines kurzen Zeitraums lesen könnte und die ein rasches Erkennen neuer Handlungsmöglichkeiten und Spielräume mit sich bringt. Ich fühlte allerdings, dass allgemeine Informationen nicht ausreichten und dass es Beispiele und konkretere Anregungen brauchte, um den nötigen Impuls in eine Familie zu geben, um den Konfliktpunkt Hausaufgaben aus einer neuen Perspektive zu betrachten, um eine positive Veränderung anzustoßen. Die in diesem Buch präsentierten Gedanken und Vorgehensweisen haben sich in meiner Familie, in befreundeten Familien oder für Kinder und Jugendliche, mit denen ich beruflich zu tun hatte, bewährt und eine harmonischere und somit effizientere Hausaufgaben- und Lernzeit bewirkt. Diese Stoffsammlung möchte allerdings bewegen, dass Sie gemeinsam mit Ihrem Kind noch weiter denken, als ich es getan habe. Dass Sie unter Einbeziehung Ihrer Werte, Lebendigkeit und Ihrer eigenen Kreativität viele eigene großartige Ideen entwickeln, damit Schule und schulisches Lernen so viel Spaß und Freude wie möglich macht, und dass Ihr Kind weiterhin interessiert bleibt und Neuem gegenüber aufgeschlossen ist.

Je länger wir mit unseren Kindern zusammenleben, desto klarer wird uns meist, Erziehung ist nicht planbar. Sie sind plötzlich da, die unkalkulierbaren Situationen und die Schwierigkeiten, die eine sofortige Reaktion erfordern. Dinge, an die wir niemals dachten, damit jemals konfrontiert zu sein, wollen aufgelöst und aufgefangen werden. Wir reagieren dann spontan manchmal anders, als wir es gerne würden und als wir selbst oder unser Gegenüber dies in dem Moment bräuchten. Wir reagieren also nicht immer perfekt, und wir tun gut daran, den Glauben, dass wir immer alles richtig und perfekt machen müssten, um unsere Kinder auf ihrem Weg zu einem glücklichen Erwachsenen zu begleiten, aufzugeben. Unser Leben verläuft nicht wie in einem Bilderbuch, in dem wir stets zu genau den Gefühlen und Handlungen in der Lage sind, die wir uns wünschen. Ich glaube fest daran, dass das Wichtigste, was ich meinen Kindern jeden Tag schenke, ist, Verantwortung für mich und mein Handeln, Denken und Fühlen zu tragen. Sie nicht verantwortlich zu machen für das, was ich fühle oder denke. Dass ich ihnen zuhöre und bereit bin, von ihnen zu lernen und zu erfahren, wie sie sich den Umgang und das Miteinander wünschen. Manche Dinge, die weiß ich und die sind mir so wichtig, dass ich meinen Kindern signalisiere, dass sie auch nicht verhandelbar sind. Ich habe eine klare Linie und meine Ziele. Ich habe eine konkrete Vorstellung davon, wie das familiäre Miteinander aussehen soll und wie ich anderen Menschen begegnen möchte. All das möchte ich meinen Kindern weitergeben. Allerdings haben auch meine Kinder diese Bereiche, die für sie einfach nicht verhandelbar sind. Wie ich selbst, haben sie ihre Stärken und Schwächen. Wir wissen heute, dass wir das verstärken, worauf wir unsere Aufmerksamkeit legen. Stellen wir das, was im Alltag noch nicht so gut zu laufen scheint, in den Fokus, so tritt oftmals all das, was sehr gut klappt, in den Hintergrund. Auch vergessen wir dann allzu schnell, dass wir alle uns immer wieder ausprobieren müssen, um uns entwickeln und entfalten zu können. Es ist wunderbar, wenn sich Eltern Rat holen bei sogenannten Fachleuten, wenn sie Bücher und Ratgeber lesen, um ihren Weg zu finden. Danach brauchen wir den inneren Dialog, der es uns ermöglicht, aus einem breit gefächerten Angebot an Ideen und Anregungen das zu entwickeln, was uns und unserem Inneren entspricht. Wir Eltern dürfen uns gerne wieder mehr auf Intuition und Bauchgefühl verlassen! Auch wenn das bedeutet, einer Modeerscheinung nicht zu folgen. Schöner ist es, wenn Sie die wahren Experten zu Wort kommen lassen. Kommen Sie mit Ihrem Kind ins Gespräch! Je geübter Kinder und Jugendliche darin sind, zu philosophieren, Dinge zu hinterfragen und Gedanken und Gefühle in Worte zu fassen, desto konstruktiver werden ihre Gespräche werden. Keiner bringt uns bei, wie man Bedürfnisklärungsgespräche führt, keiner zeigt uns, wie wir bei uns bleiben, wenn unser Gegenüber starke Gefühle hat. Es sei denn, wir haben Eltern, die sich auf den Weg machen, dies täglich zu perfektionieren, und die an sich arbeiten. Und schließlich ist es dann wohl doch das Leben selbst, dass uns als Familie und als Individuum »erzieht«. Wir können einem 10-Punkte-Plan, der sich so schön anhörte, als wir frischgebackene Eltern waren, leider nicht folgen, wenn wir wollen, dass unsere Kinder uns als Leitwölfe akzeptieren.

Mathias Voelcherts erstes Kapitel in seinem Buch »Liebevolle elterliche Führung« heißt »Erziehung braucht Vertrauen, aber Vertrauen braucht keine Erziehung«. Gerade wenn es um Schule, Lernen und Hausaufgaben geht, versuchen wir allzu oft, Kinder über Manipulation, Strafen und Belohnung in die Richtung zu bewegen, in die wir denken, dass sie gehen sollten oder müssen, um in dieser Gesellschaft Fuß fassen zu können. Vertrauen ist allerdings die einzige auf Dauer tragfähige Basis für eine positive Schul- und Lernkarriere. Hausaufgaben und das außerschulische Lernen bringen viele Eltern und Kinder an ihre persönlichen Grenzen oder darüber hinaus. Gerade in diesen Situationen hilft es uns, zu vertrauen. Wir brauchen Vertrauen, dass wir alles in uns tragen, was die Situation erfordert und leichter macht. Wir brauchen Vertrauen, dass unsere Kinder ihren für sie richtigen Weg gehen werden. Hausaufgaben strengen an, Kinder und Eltern und manchmal auch Lehrer. Dankbarkeit, Respekt und Anerkennung möchte ich allen Müttern, Vätern, Onkeln, Tanten, Omas, Opas, Nachbarn, Betreuern, Geschwistern, Freunden und Bekannten gegenüber zum Ausdruck bringen; all jenen also, die sich täglich mit und für Kinder anstrengen, damit Schule in ihrer aktuellen Form funktionieren kann. Und je mehr ich mich mit dem Thema Hausaufgaben beschäftige, desto größer wurde die Anerkennung, die ich meinen Kindern gegenüber empfand, dass sie sich zwar regelmäßig aufregten und beschwerten, aber dennoch täglich eine wunderbare Anpassungsleistung vollzogen und das von ihnen Geforderte – obwohl täglich eben auch, völlig zurecht, kritisch Hinterfragte – erfüllten.

Ein Vision-(Klassen-)Raum zum Lernen und Entwickeln

Ich habe eine Vision. In meiner Wunsch-Welt haben wir verstanden, dass in einer Welt, in der wir uns bewusst vom Gehorsam abwenden, Lernen und Leisten nur stattfinden kann, wenn wir der Beziehung zueinander mehr Bedeutung zukommen lassen als dem Lerninhalt. In meiner Wunsch-Welt dürfen Kinder sein, und wir haben erkannt, dass Druck, Schuld und Scham niemals Mittel sein können, um Kinder dauerhaft zu leistungsorientierten und lernwilligen Wesen zu machen. Wir haben Verantwortung dafür übernommen, dass alles, was wir passiv oder aktiv tun, die Kinder in unserem Umfeld prägt und formt – negativ oder positiv. Wir wissen um die Macht von Worten und sind uns bewusst, dass unsere Worte die inneren Stimmen unserer Kinder werden. Wenn wir all das wirklich verinnerlicht haben und in Familien danach leben, wird eine Änderung des Schulsystems unumgänglich sein. Es werden nur noch Kinder an unseren Schulen sein, die in diesem Schulsystem nicht beschulbar sind und die über einen sehr höflichen, respektvollen Widerstand zeigen, dass sie anders lernen wollen. Es werden Kinder sein, die das Schulsystem und den Lehrer dort abholen, wo sie stehen und gemeinsam das Schulleben neugestalten. Wir brauchen dann keine Schulen mehr, die unbedingt versuchen müssen, anders zu sein als die staatliche Regelschule. Jede Schule dürfte aus einem Potpourri an Lehransätzen schöpfen und folgte nicht stur einem Konzept. Ich hatte selbst lange nach der besten Schule für meine Kinder gesucht. Viele Tage der offenen Tür besucht, Konzepte gelesen, auch waren meine Kinder zeitweise auf verschiedenen privaten Schulen. Ich merkte schnell, dass jedes schriftlich wunderbar ausgearbeitete Konzept mit den tätigen Lehrern und deren persönlichem Verständnis des Konzeptes und deren Möglichkeiten, das Konzept umzusetzen, stand oder fiel. Deutlich war auch, dass die Kinder und deren Familien oftmals nicht zu dem gewählten Konzept passten. Ich erkannte außerdem, dass es zumindest bei meinen Kindern nicht wirklich möglich war, sie einem Lehransatz oder einem Konzept über die gesamte Schullaufbahn hinweg zuzuordnen. Meine Kinder sind heute auf eigenen Wunsch alle zurück im staatlichen Schulsystem bzw. hat mein ältester Sohn seinen Schulabschluss bereits in der Tasche. Systemflucht war für uns nicht die Lösung. Eine Lösung war es auch nicht, jeden Tag tatenlos über den IST-Zustand zu meckern und zu schimpfen. Wir mussten also uns und unsere Einstellung so verändern, dass Schule weniger Einfluss auf unser Familienleben und unsere Stimmung in der Familie hatte.

Spinnen wir meine Vision ein bisschen weiter ... Nach einer Schulreform wäre in meiner Welt eine Alternative zum herkömmlichen Klassenzimmer mit Frontalunterricht für alle Kinder möglich, nicht nur für die, deren Eltern sich einen Ausstieg leisten können oder die einen Platz auf einer guten Privatschule ergattern konnten. Wenn wir also keine Entscheidung treffen müssten, ob das Kind besser auf einer bilingualen Schule aufgehoben wäre oder doch eher ein Waldorf- oder Monte-Kind sei, dann wären es die Kinder selbst, die entscheiden, ob sie heute mit Montessori-Materialien lernen oder ob sie ein altes verstaubtes Schulbuch zur Hand nehmen und nach Schema F Aufgaben lösen wollen. Nicht wir als Eltern, Lehrer oder Berater entscheiden dann, welche Schulform oder welcher Lehransatz am besten zu unserem Kind passen würde. In meiner Wunsch-Schule wäre für alle Kinder das Beste aus unter anderem der Waldorfpädagogik, Pestalozzi, Montessori, Freinet, Jenaplan, Schulen mit demokratischen Ansätzen oder Club of Rome Schulen, an denen versucht wird, über die Pfeiler Teamarbeit, Respekt und Selbstverantwortung in Lernlaboren fächerübergreifend weit über den schulischen Kontext hinaus zu lernen, zugänglich. Ich erlebe das täglich in meiner lerntherapeutischen Praxis, wie viel sich schon ändert, wenn Kinder selbst entscheiden dürfen, ob sie mit grün, rot oder blau schreiben, ob sie auf eine Tafel, auf Papier, auf die Straße oder in den Sand schreiben. Ob sie groß oder klein schreiben, ob sie überhaupt schreiben oder Aufgaben und Wörter lieber mit Materialien legen. Es ist erstaunlich, wieviel mehr Lerninhalte in eine Stunde zu packen sind, wenn Kinder selbst entscheiden, welche Materialien sie verwenden wollen und wann und wie lange wir Lernpausen machen. Es würde Lehrern mehr Möglichkeiten geben, an ihrer Aufgabe zu wachsen und sich zu entwickeln. Und wir würden wunderbare Beziehungen entstehen lassen, die die Individualität eines jeden aushalten und sogar fördern. Schulisches Lernen würde in meiner Welt nahezu ausschließlich in der Schule stattfinden. Hausaufgaben wären freiwillig und würden keinen

Vor- oder Nachteil in der Schule bringen, sondern die Allgemeinbildung erhöhen, also das in der Schule Gelernte über den in der Schule geforderten Rahmen hinaus vertiefen. Es sind so viele gute neue Ansätze entwickelt und so viele gute neue Gedanken und Ideen gedacht, dass ich daran glaube, dass sich etwas ändern wird. Allein schon deshalb, weil unsere Kinder uns auffordern, ihr Lernumfeld anzupassen. Sie tun dies, indem sie sich in sich zurückziehen, leise werden, stören, aufbegehren, nicht folgen, psychosomatische Symptome entwickeln, Forderungen ablehnen und Regeln missachten. Zu viele Kinder verweigern, in die Schule zu gehen. Stell dir vor, die Schule sperrt auf, und gar keiner geht mehr hin.

So lange sich nichts in unserem Schulsystem ändert, sind wir als Eltern, Lehrer und Betreuer gefordert, unsere persönliche Situation und die unserer Kinder zu verbessern. Es gibt Kleinigkeiten, die wir ändern können, die eine große und fast schon magische Wirkung auf unser Zusammenleben haben. Ich bekam mehr und mehr Zuversicht, dass ich selbst schon alles in mir trug, was ich brauchte, und dass ich mit meinem gesunden Menschenverstand, offenen Ohren, die auch das hören können, was nicht direkt gesagt wird, den für mich und meine Familie guten Weg finden kann. Angeblich gibt es sie irgendwo, diese Familien, in denen alles perfekt läuft, wir gehören nicht dazu. Auch wir waren immer wieder in Situationen, in denen wir umdenken wollten oder ein externer Streitberater, den man wie einen Dschinni aus der Flasche jederzeit ins Wohnzimmer rufen könnte, perfekt gewesen wäre. Es waren meist nur kleine Veränderungen, die für meine Familie und für mich als Mensch und Mutter einen großen Schritt in Richtung harmonischerem Zusammenleben brachten.

Beruflich habe ich hauptsächlich, nicht ausschließlich, mit Kindern und Jugendlichen und Familien zu tun, denen das System Schule oder die Gesellschaft suggerieren, mit dir stimmt etwas nicht, du bist nicht normal, und damit es uns besser geht, möchten wir dich gerne verändern oder dich gleich aussortieren. Ich lebe und liebe meinen Beruf. Es ist schön, zu sehen, wenn aus Problemen Herausforderungen werden und Kinder und Mütter und Väter wieder mehr Vertrauen in ihre Fähigkeiten und ihre Art zu sein bekommen. Es ist ein großes Geschenk, Wachstum und Entwicklung anzuregen und zu fördern. Ich freue mich und bin dankbar, mit Menschen arbeiten zu dürfen. Ich freue mich darüber, dass ich selbst an der Arbeit mit Kindern und Familien und deren Systemen wachsen und lernen und mich als Mensch entwickeln darf.

Wenn wir Kinder erleben, von denen der Volksmund sagt, dass sie nicht auszuhalten seien, dann sind das Kinder, die gehalten werden wollen. Wenn Kinder sich auflehnen, dann suchen sie meist jemanden zum Anlehnen. Jemanden, der sie so nehmen kann, wie sie sind, und der sie stark machen möchte für die Herausforderungen des Lebens. Ich pauschalisiere und wünsche mir jetzt einfach, dass alle Eltern ihre Kinder stark machen wollen. Wir werden das auf die Art und Weise tun, die wir kennen, weil wir es selbst als Kinder erlebt haben, oder wir werden anhand unserer Glaubenssätze und Werte neue Wege versuchen. Starke Kinder sind für mich Kinder, die gelernt haben, dass sie auch einmal schwach sein dürfen. Starke Kinder sind Kinder, die wissen, dass sie genauso, wie sie sind, in Ordnung sind. Starke Kinder können ihre eigene Meinung vertreten, ohne den anderen dabei zu verletzen oder zu übersehen. Starke Kinder verlassen sich nicht auf starke Muskeln, sondern auf starke Worte und starke Gefühle. Starke Kinder haben gelernt, dass sie selbst Regisseur in ihrem Leben sein dürfen. Starke Kinder haben die Erfahrung gemacht, dass ihr Nein gehört wird. Es sind die Werte Gleichwertigkeit, Gleichwürdigkeit, Vertrauen, Authentizität und Verantwortung für mich und mein Tun, die wir als starke Vorbilder starken Kindern in die Wiege legen.

Ich möchte Sie einladen, meine Gedanken mitzugehen und das umzusetzen oder auszuprobieren, wo Sie das Gefühl haben, dies könnte auch zu Ihnen und Ihrem Kind passen. Jeder Mensch ist besonders, und jede Familie ist besonders. Was Sie und Ihre Familie besonders macht und welche Ressourcen in Ihnen und Ihrer Familie liegen, wissen Sie am besten. Ich wünsche mir, dass wir einen positiveren Blick auf das bekommen, was nicht der Norm oder dem »Wie-Es-Sein-Sollte« entspricht. Ich wünsche mir, dass wir »den Wunsch, sich selbst zu folgen,« und den Wunsch, keiner Herde hinterherzulaufen, als das erkennen, was es ist: die Entwicklung einer interessanten Persönlichkeit. Wir wünschen uns Kinder, die keine Mitläufer sind und die sich trauen, zu ihrer eigenen Meinung zu stehen. Wir wünschen uns selbstbestimmte

Kinder, wenn es um andere geht, und erwarten in den eigenen vier Wänden oder zumindest im schulischen Kontext noch viel zu oft, dass sie einfach tun, was man ihnen sagt. Wir wollen Kinder, die heute schon und vor allem als Erwachsene für sich und für andere aufstehen. Wir wünschen uns Kinder, die Manipulation erkennen und ablehnen. Dies fällt mir viel leichter, wenn ich die Erfahrung gemacht habe, dass meine Nöte, Ängste, Sorgen, Wünsche und Bedürfnisse gesehen und ernst genommen wurden und nicht bagatellisiert oder falsch gemacht wurden. Die heutige Elterngeneration ist in den Ausläufern der Basta-Generation groß geworden, unsere Worte und unsere Bedürfnisse waren nicht so wichtig. Es gibt viele Väter und Mütter, die sich selbst erst noch von ihrer eigenen Kindheit erholen müssen. Und obwohl wir heute konstruktivere Haltungen Kindern gegenüber kennen und es unbedingt anders machen wollen, als wir das selbst erlebt haben, passiert es uns, dass wir doch plötzlich genauso reagieren, wie wir es eigentlich nicht wollten.

Bestimmt wird unser Fächer an Möglichkeiten, mit herausfordernden Situationen umzugehen und Beziehungen einzugehen und zu pflegen, durch unseren emotionalen Rucksack, den jeder von uns auf dem Rücken trägt. In diesem Rucksack befinden sich unsere Fähigkeiten, unsere Erfahrungen, persönliche Verletzungen, Ängste, Werte, Verständnis für uns selbst und unser Gegenüber. Wir geben also alle in dem Rahmen, in dem es unser Rucksack zulässt, das Beste. Gut ist, wenn wir unseren Rucksack so gut kennen, dass wir unser Handeln und unsere Emotionen weitestgehend regulieren können und uns nicht als Opfer unserer Gefühle oder anderer Menschen wahrnehmen müssen. Wir können uns dann aus einem destruktiven Strudel befreien, weil wir den Einfluss unseres Rucksacks kennen.

Erwachsene sind überzeugt, dass sie dafür verantwortlich sind, wenn die Beziehung zwischen Kindern und ihnen gut funktioniert, und stellen die Kinder als symptomschaffend heraus, wenn die Beziehung schwieriger ist. Aus der Distanz und völlig neutral betrachtet, kann dies nicht richtig sein. Der Fokus liegt noch viel zu oft darauf, zu analysieren, was an einem Kind falsch ist, was es hat, dass es so schwierig ist, mit diesem Kind zurechtzukommen, anstatt herauszufinden, wie sich alle Beteiligten im Umfeld des Kindes gegenseitig unterstützen können, um nährende und tragende Beziehungen zu schaffen und eine befriedigende Zusammenarbeit und ein Zusammenwachsen zu erwirken. Wir alle sind mit dem Märchen vom schwarzen Schaf aufgewachsen und dies, obwohl Virginia Satir als Mutter der Familientherapie bereits vor vielen Jahrzehnten anregte, Menschen und deren Signale, die wir als Symptome oder Störung bezeichnen, nicht isoliert zu betrachten, sondern die Familie, das Umfeld, wie Schulgemeinschaft und Freunde, und die dort herrschenden Glaubenssätze und das Verhalten der Menschen dort mit einzubeziehen. Der Mensch ist ein Körper-Seele-Geist-Wesen, und somit können Verhaltensauffälligkeiten und ein Abweichen von dem erwünschten Verhalten oder einem, wie wir es nennen, Nicht-Kooperieren-Wollen nur multikausal betrachtet werden. Nur wenn wir das Kind ganzheitlich sehen mit emotionalen, psychischen und somatischen Faktoren, wenn wir den Einfluss von Schule, Familie und Freunden und Klassenkameraden berücksichtigen, erst dann können wir unseren Kindern gerecht werden. Wir schicken unsere Kinder in Selbstbehauptungskurse und zu Trainings, in denen sie lernen sollen, nein zu sagen, für sich selbst aufzustehen, auf sich selbst zu vertrauen und ihre Selbstwirksamkeit zu erkennen. Wie traurig ist das eigentlich; das Leben bietet unzählige Möglichkeiten, dies zu lernen und zu entwickeln oder zu erhalten. Wir müssen unseren Kindern endlich erlauben, im Alltag viel öfter nein zu sagen und ihrem Inneren zu folgen und ein gesundes Selbst zu entwickeln.

Ein Kind, das in Verhältnissen aufwächst, in dem die Erwachsenen bewusst für Integrität sorgen und die Versuche des Kindes, sich abzugrenzen und zu definieren, anerkennen, hat ein optimales Fundament, um ein gesundes Selbstgefühl zu entwickeln. Dieses Kind wird innerhalb von Millisekunden den introspektiven Prozess durchlaufen, der nötig ist, um Zugang zu der eigenen inneren Verantwortlichkeit zu erlangen. Diesem Kind wird es leichter fallen, zu dem, was von ihm gefordert wird, ja zu sagen, und es wird die Situationen erkennen, in denen ein Nein wichtig und richtig ist. Dieses Kind wird trotz Schule lernen können (vgl. Birkenbihl).

Wenn wir Erwachsenen nicht sensibel genug sind, um zu erkennen, wann ein Kind in den inneren Konflikt gerät zwischen der Wahrung der eigenen Integrität, dem Drang nach Entwicklung und Lernfortschritt und dem Wunsch nach Kooperation, wird das Kind allmählich Vertrauen in uns und in sich selbst verlieren. Es wird daher versuchen, uns über Konfliktsituationen zu zwingen, in seiner Gefühls- und Gedankenwelt vorbeizuschauen.

Hausaufgaben, Lernen und Schule bringen viel Konfliktpotenzial in Familien. Wir Eltern dürfen gelassener werden. Wir haben es uns verdient, uns als Eltern und unsere Kinder weniger in Frage zu stellen. Ich wünsche mir, dass Schule und Hausaufgaben weniger Einfluss auf die Beziehungen in den Familien haben.

Hausaufgaben und schulisches Lernen im Allgemeinen

Da mir bei meiner Recherche zu diesem Buch zunächst bewusst wurde, wie unterschiedlich der Begriff Hausaufgabe belegt wird, möchte ich zuerst eine Definition für Hausaufgabe geben. Unter dem Begriff Hausaufgabe verstehe ich die von Lehrern, aus pädagogischen oder didaktischen Gründen, als Pflichtaufgabe erteilte Übung, die zuhause erledigt werden soll. Das zusätzliche Lernen für Leistungsnachweise möchte ich isoliert betrachten.

»Hausaufgaben bilden einen integrativen Bestandteil des Unterrichts. Ihre Funktion besteht darin, den Lernprozess des Schülers anzuregen, zu stützen und zu fördern. Insbesondere sollen sie dazu beitragen, den Schüler zu selbstständigem, eigenverantwortlichem, autonomem Lernen zu befähigen.« (Kamm/Müller)

Die didaktischen Funktionen von Hausaufgaben sind, dass sich der Schüler nachmittags nochmal selbstständig mit dem Lerngegenstand auseinandersetzt, den Schulstoff wiederholt und durch Anwendung einübt.

Über Hausaufgaben soll also gewährleistet werden, dass das in der Schule Gelernte bei ähnlichen Aufgaben anwendbar ist und der neue Schulstoff vom Vormittag am Nachmittag gefestigt wird.

Aus pädagogischer bzw. erzieherischer Sicht werden Hausaufgaben häufig befürwortet, da sie Zuverlässigkeit, Eigenverantwortlichkeit, Organisation und das Anwenden von Arbeitstechniken schulen und ausbauen sollen.

Es gibt jeweils länderspezifische Empfehlungen, Erlasse und Verordnungen, die die Vergabe von Hausaufgaben regeln. In der bayerischen Schulordnung steht, dass die Lehrerkonferenz vor Beginn des Schuljahres die Grundsätze für Hausaufgaben festlegen solle. Weiter wird erläutert *»(...) Schülerinnen und Schüler sollen Aufgaben gestellt bekommen, die bei durchschnittlicher Leistungsfähigkeit in angemessener Zeit bearbeitet werden können«*. Was ist aber mit Kindern, die weniger oder höher begabt sind als der Durchschnitt? Wie haben Schule und Elternhaus mit einer Über- oder Unterforderung bei den Hausaufgaben umzugehen? Hierzu gibt es keine Empfehlungen oder überhaupt eine Erwähnung in der bayerischen Schulordnung.

In einem anderen ministeriellen Erlass für Nordrhein-Westfalen steht *»(...) es empfiehlt sich, die gestellten Aufgaben nach der Leistungsfähigkeit, der Belastbarkeit und den Neigungen der Schülerinnen und Schüler zu differenzieren.«*

Die Realität sieht meist anders aus: Hausaufgaben sind für alle Kinder gleich schwierig und gleich umfangreich. Eine Anpassung an individuelle Neigungen findet kaum statt. Oft schleicht sich sogar die Praxis ein, dass besonders begabte Schüler einfach ein Mehr an den erteilten Aufgaben erledigen sollen.

Und trotzdem wird die Frage, ob es Hausaufgaben für Schüler geben sollte, in der Gesellschaft selten thematisiert und von Eltern und auch Lehrern noch zu wenig hinterfragt. Hausaufgaben gehören zum Alltag der meisten Familien in Deutschland, und dennoch stehen sie kaum auf dem Prüfstand.

Zielstellung dieses Leitfadens

Wir können Wissen und verschiedene Lernwege, Tipps und Tricks zum Lernen nur auf einem Lernbuffet für unsere Kinder anrichten. Ob sie zugreifen und wie viel sie schließlich von diesem Buffet nehmen und ob wir für das Kind gut verdauliche Kost anbieten, bleibt die Entscheidung der Kinder. Haben Sie Vertrauen in Ihr Kind. Vertrauen heißt, nicht kontrollieren zu müssen und frei zu sein von Befürchtungen, dass das Kind auf der Strecke bleiben könnte. Und Kinder müssen uns vertrauen können. Sie wollen darauf vertrauen, dass sie in keiner Situation stärker belastet werden, als sie aushalten können. Auch dann oder besonders dann, wenn ihr Verhalten und ihre Gefühlswelt für uns als Eltern oder Betreuer nicht nachvollziehbar sind. Begegnen Sie Ihrem Kind verständnisvoll und bedürfnisorientiert. Je mehr Ihnen das gelingt, desto mehr wird es von dem annehmen, was Sie auf dem Werte- und Lernbuffet anbieten. Verständnisvoll zu reagieren, heißt, dass ich den IST-Zustand so akzeptieren kann, wie er ist, und in meiner Gedanken- und Gefühlswelt nicht bei »wie es sein sollte« hänge. Den IST-Zustand zu akzeptieren, heißt auch, selbst Verantwortung für eine Veränderung der noch nicht passenden Umstände herbeizuführen. Das bedeutet im Umkehrschluss, dass ich Visionen haben kann, wie es sein wird, wenn ich im Hier und Jetzt Veränderungen anstoße, aber auch aushalten kann, dass es noch eine Weile dauert, bis das Ziel erreicht ist.

Ich möchte Eltern und alle diejenigen, die sich in die Lernbegleitung von Schülern einbringen, dazu einladen, gelassen zu bleiben und darauf zu vertrauen, dass jedes Kind seinen Weg gehen wird. Wir wünschen uns eine gute, breit gefächerte Bildung für unsere Kinder und eine gute Zukunft. Das ist ein sehr guter Wunsch. Wenn wir etwas unbedingt wollen und unbedingt für richtig halten, besteht die Gefahr, dass wir Druckmittel einsetzen, die uns best- und schnellstmöglich ans Ziel bringen sollen. Und manchmal scheint es so, als würde Druck auch funktionieren. Auf Dauer wird Druck allerdings Gegendruck und Schulunlust und Motivationsverlust produzieren.

Dieses Buch möchte Eltern, Lehrern und Hausaufgabenbetreuern Impulse geben und Wege aufzeigen, um das Hausaufgabenmachen gelassen begleiten zu können, und den Erwachsenen ermöglichen, ihren Wunsch nach bester Förderung und Lernbegleitung der eigenen oder der ihnen anvertrauten Kinder liebe- und respektvoll umzusetzen. Kinder brauchen uns greifbar und authentisch. Das sind wir nur dann, wenn wir unseren eigenen für uns und unser Familiensystem richtigen Weg gehen. Kinder akzeptieren das, was uns und unserem Inneren entspricht, und werden uns deutlich signalisieren, wenn sie erkannt haben, dass wir uns hinter einem 10-Punkte-Plan und einer Erziehungsmethode verstecken. Sie werden uns auch nicht in der Rolle des geduldigen Lernbegleiters akzeptieren, wenn wir innerlich schon kochen.

Ich kann keine fertige Lösung präsentieren. Ich möchte Impulse setzen, die Sie dabei unterstützen, das außerschulische Lernen und Hausaufgabenmachen neu zu sehen und zukünftig bedürfnisorientierter anzugehen.

Es gibt viel zu viele Schriften über Erziehung und Schule, die sich am sogenannten *Blamestorming* beteiligen; mal sind es die Kinder, die heute einfach nicht mehr leisten wollen, mal die Eltern, die sich für die Kinder gar nicht wirklich zu interessieren scheinen, und mal liegt es am verstaubten Schulsystem und an den unmotivierten Lehrkräften. Es ist für eine Veränderung und Erneuerung weniger wichtig, wer oder was zu einer destruktiven Situation mehr oder weniger beigetragen hat. Wichtiger ist, zu erkennen, wo die Ressourcen in Ihnen, Ihrem Kind und Ihrem Familien- und Schulsystem liegen, um zukünftig und das schon gleich heute, neue Wege zu gehen. Wir kennen mittlerweile viele Gründe, warum Schule in der aktuellen Form und modernes Lernen nicht zueinander passen. Wir hören immer wieder, dass das Schulsystem verstaubt sei, ja sogar krank mache – Schüler und Lehrer. Zu wenige Eltern wissen aber, wie sie mit der aktuellen Situation so umgehen können, dass jeder einzelne und das familiäre System so wenig wie möglich darunter leidet.

Vor allem soll dieser Leitfaden Schülern helfen, die Hausaufgaben und das außerschulische Lernen stressfreier und mit so viel Freude wie möglich erledigen zu können. Wir alle verfügen über einen inneren Kompass, der uns genau zeigen kann, was wir brauchen und was für uns und unser Familiensystem gut ist. Manchmal, besonders in Situationen, in denen wir uns unter Druck gesetzt fühlen oder der Alltag uns voll vereinnahmt, verlieren wir den Zugang zu diesem inneren Kompass. Es lohnt sich, Kindern einmal genau zuzuhören. Auch Schulkinder haben schon ein gutes Gespür und Verständnis oder können es entwickeln und uns klar sagen, was sie brauchen. So füllten einmal 800 Kinder, die eine Kinder-Uni-Vorlesung besuchten, einen Schulwunschzettel aus. Ganz oben stand »weniger Hausaufgaben«. Sie wünschten sich u. a. »mehr Freizeit«, »mehr Spaß«, »mehr Sport«, »längere Pausen« und »bessere Pausenhofgestaltung«. Viele der genannten Wünsche decken sich mit Forschungsergebnissen aus der Medizin und den Neurowissenschaften und den daraus resultierenden Forderungen und Empfehlungen für eine Schulreform.

Sind Hausaufgaben Hausfriedensbruch?

Gerne wird Hans-Peter Vogeler, Vorsitzender des Bundeselternrates, zitiert, wenn es um Hausaufgaben geht. Im Jahr 2013 sagte er auf der Bildungsmesse Didacta, Hausaufgaben seien Hausfriedensbruch und dass man mal überlegen solle, wieviel Streit durch Hausaufgaben in eine Familie komme und wie das Zusammenleben durch sie beschädigt werde.

Im Rahmen meiner Tätigkeit als integrative Lerntherapeutin und Familienberaterin komme ich mit Familien zusammen, in denen Hausaufgaben und außerschulisches Lernen zu Konflikten, zu unschönen, destruktiven Situationen führen, die die Kinder und Jugendlichen, die Eltern und das gesamte Beziehungssystem belasten. Viele Familiensysteme sind mit Hausaufgaben überfordert.

Ich bin selbst Mutter von vier Kindern, die zu oft Routinearbeiten als Hausaufgabe zu erledigen hatten, die für die persönliche Lernkarriere nichts gebracht haben. Ich bin beruflich und privat mit Familien in Kontakt, die ihre Not haben, mit dem, was Schule über die Vergabe von Hausaufgaben an sie heranträgt. Da es sich weder mit meinen eigenen Erfahrungen, noch mit den Erzählungen der Kinder, mit denen ich beruflich zu tun habe, deckt, wunderte es mich zunächst, dass es tatsächlich Studien gibt, die den Hausaufgaben eindeutige leistungsförderliche Effekte zuschreiben (vgl. z. B. Dettmers/Trautwein/Lütdtke, 2009). Bei genauer Betrachtung wurde mir klar, dass Studien zum Thema Hausaufgaben deshalb so große Diskrepanz zu einander aufweisen, weil sie unterschiedliche Definitionen von Hausaufgaben zugrunde legten und Altersstufen, Leistungsniveaus und Schularten variierten und unterschiedliche Fächer betrafen. Wir müssen also aufpassen, dass wir Äpfel nicht mit Birnen vergleichen.

Jedes Kind, jeder Mensch, hat den Wunsch, zu kooperieren, also so zu handeln, dass niemand, der ihnen etwas bedeutet, Schaden nimmt, und dass Wünsche, Erwartungen und Bedürfnisse der für sie wichtigen Mitmenschen erfüllt werden. Wir können gar nicht anders; jedem Menschen, egal in welchem Kulturkreis und welcher Gesellschaftsform er aufwächst und lebt, sagt der angeborene Urinstinkt, dass wir die Gemeinschaft und das Miteinander dringend brauchen, dass wir an einem Strang ziehen sollen, dass wir als Team mehr erreichen denn als Einzelkämpfer und dass nährende, uns tragende Beziehungen mit das wichtigste Element eines glücklichen und gesunden Lebens sind. Uns nährende Beziehungen führen wir dann, wenn wir als Körper-Seele-Geist-Wesen wahrgenommen und anerkannt werden. Wenn wir Zeit und Raum für persönliche Entwicklung bekommen.

Wenn sich Kinder Regeln und Vorgaben widersetzen, dann widersetzen sie sich diesen Regeln und Vorgaben und meinen damit nicht den Menschen, der sich für diese einsetzt. Sie laden den Menschen dahinter ein, sich zu zeigen und deutlicher zu machen, worum es hier eigentlich geht. Kinder wollen und brauchen eine offene und unverbaute Sicht auf unser Innerstes, auf unsere Werte – sie wollen uns verstehen. Wenn also eine Regel für mich nicht verhandelbar ist, so zeige ich meinen Kindern deutlich, wo in dieser Regel der Mensch ist, mein Ich, das eine Überzeugung und Werte hat. Wir alle brauchen den Abgleich unserer Wünsche und Werte mit unserem Umfeld. Das richtige Einschätzen einer Situation war zu Urzeiten überlebenswichtig. Aus dieser Zeit nahmen wir mit, dass wir unsere Erfahrungen und unsere Wahrnehmung mit unseren Mitmenschen abgleichen und so zu einer realistischeren Einschätzung einer Situation oder zu uns selbst gelangen wollen. Kinder lernen die Welt erst kennen. Sie fühlen, sehen und hören etwas und formen sich daraus ihr Weltbild. Sie gleichen dieses Bild mit unserem ab und brauchen uns deshalb nicht nur als Vorbilder, sondern vor allem als Wegbegleiter, die ihre Art, zu sehen und zu begreifen, nicht falsch machen.

»(...) eine der entscheidenden Fähigkeiten, die unser Gehirn mitbringt, ist die Möglichkeit der Spiegelung dessen, was ein anderer Mensch tut oder was in ihm vorgeht (...). Der Mensch ist darauf ausgelegt, in Kontakt und Kommunikation mit anderen Menschen zu sein (...). Wir sind darauf angewiesen, dass wir Menschen haben, die unser Spiegelsystem ansprechen und zur Nutzung anregen. Besonders Kinder sind auf Spiegelung und Rückmeldung angewiesen, damit sich langsam ein Gefühl aufbauen kann, aha, so und so bin ich. Sie brauchen essenziell Antwort auf ihr Verhalten, und

zwar vor allem, dass sie in ihrer Individualität, ihrer momentanen Befindlichkeit und ihren Bedürfnissen gesehen werden und das auch mitgeteilt bekommen.« (vgl. Systemische Lerntherapie, Lehmann/Eitmann).

Spiegelneuronen sind direkt mit dem schulischen Lernen verknüpft. Spiegelneuronen sorgen dafür, dass wir von den Gefühlen, Gedanken, dem Leid, dem Schmerz, der Trauer, der Freude oder der Anspannung des Gegenübers angesteckt werden. Unsere Nervenzellen werden aktiv, sobald wir gewisse Empfindungen bei unserem Gegenüber wahrnehmen oder Handlungen beobachten. Auch wenn diese Neuronen zur Grundausstattung eines jeden Menschen schon bei der Geburt gehören, ist es für uns dennoch wichtig, Menschen um uns zu haben, die uns darin fördern, zu mitfühlenden Wesen zu werden. Befindet sich ein Kind in einem Lernumfeld, in dem starke Emotionen unterdrückt, klein geredet oder »verboten« werden und Bedürfnisse der Einzelnen in der Gemeinschaft nicht wichtig sind, so verweigern wir diesem Kind ein emotionales Grundbedürfnis.

»Aus heutiger Sicht sind Emotionen nicht mehr der Widersacher des Verstandes, sondern dessen Helfer.« (vgl. Spitzer, 2004)

Kast schreibt, wer denken wolle, der müsse fühlen. Spiegelneuronen werden nicht aktiviert, wenn wir einer Maschine oder dem Computer gegenüberstehen. Dies kann auch ein Grund sein, warum man gerade bei Kindern, die lange Zeit schulisches Lernen mit zwischenmenschlichen Konflikten verbunden gefunden haben, eine Zeit lang auf Lerneinheiten am PC bauen sollte. Somit wird deutlich, wie essenziell es für unsere Kinder ist, dass sie es mit echten, authentischen Menschen zu tun haben, deren Aussagen und Handlungen miteinander im Einklang schwingen, nachvollziehbar, berechenbar, verständlich und verständnisvoll sind. Kinder sind darauf angewiesen, dass Lehrer und Lernbegleiter »da sind« und dass diese Erwachsenen »als Mensch wahrgenommen werden wollen«. Erwachsene, die erkennen, dass es jetzt zwar praktisch wäre und einfacher, wenn das Kind gerade funktionieren würde, still über den Hausaufgaben sitzen würde, wenn das Kind aber deutlich signalisiert, dass es das gerade noch nicht kann, dem Kind spiegeln, dass man verstanden hat, dass es nun erst noch toben oder spielen muss, bevor Raum und Zeit für Hausaufgaben ist, bieten dem Kind die Unterstützungen, die es braucht.

Ein Kind, das zeigt – direkt oder indirekt, »ich kann die Hausaufgaben nicht machen«, braucht es, Gehör zu finden. Wenn Sie als Eltern von Hausaufgaben gestresst und überfordert sind, brauchen Sie es auch, gehört zu werden. Machen Sie sich dort Luft, wo eine Veränderung angestoßen werden kann.

Sobald Eltern neue Wege der Kommunikation wählen und für ihr Kind be-greifbar werden und zeigen, dass sie ihr Kind begreifen wollen, werden Kinder kooperieren. Tun sie es nicht, ist es gut, wenn wir genau hinschauen und offen bleiben, für die Gedanken und Wünsche, die sich hinter einem Widerstand verbergen.

Hausaufgaben können Kinder in den inneren bzw. offenen Konflikt bringen, gegen die eigenen gefühlten und/oder realen Bedürfnisse und Überzeugungen zu handeln oder den Anforderungen der Lehrer oder den Eltern nicht gerecht zu werden. Sie geraten mit den für sie wichtigsten Personen in ihrem persönlichen Umfeld ins Gegeneinander – ihren Eltern und ihren Lehrern. Das Kind, das sich durch die Hausaufgabe belastet oder beeinträchtigt fühlt, beginnt vielleicht, Lehrer oder Eltern zu belügen oder Hausaufgaben zu verschweigen, Vereinbarungen und Abmachungen zu brechen, wenn es die Hausaufgaben nicht erledigen kann oder aus gutem Grund nicht erledigen will. Es übt sich dann in Täuschungsmanövern. Hausaufgaben können den Selbstwert eines Kindes angreifen, wenn es beginnt, sich bewusst oder unbewusst Fragen zu stellen, warum es den Anforderungen nicht gerecht werden könne.

Hausaufgaben sind eines der Hauptstreitthemen in Familien. Kaum ein anderes Thema führt über Jahre zu andauernden und solch heftigen Auseinandersetzungen zwischen Eltern und Kindern. Teilweise entstehen Kriegsschauplätze, auf denen die übelsten Waffen zum Einsatz kommen. In Familien, in denen Hausaufgaben zu Konflikten führen, wird geweint, Druck ausgeübt, gedroht, ermahnt, geschrien, geschimpft, manchmal sogar geschlagen, eingesperrt, Taschengeld oder Medienzeit gestrichen oder mit einer Erhöhung derselben gelockt und über Schuld und Scham versucht, die Kinder dazu zu bewegen, ihre Hausaufgaben zu erledigen. Wir wissen heute allerdings, positive Emotionen sind die bedeutendsten

Lernverstärker, und Druck und Strafen schwächen die Leistungsfähigkeit. Streitigkeiten, Angst und Stress bewirken eine Ausschüttung der Stresshormone Cortisol, Adrenalin und Noradrenalin, die sich im Körper verteilen und zu innerer Unruhe, steigendem Blutdruck und Puls führen. Diese Reaktion ist gut und sinnvoll, wenn wir in einer bedrohlichen Situation sind, da wir so kaum Wahlmöglichkeiten in einer für uns tatsächlich gefährlichen Situation haben – so bleibt uns dann nur Totstellen, Flucht oder Angriff. Eine gut dosierte Ausschüttung von Stresshormonen lässt uns leistungsfähiger sein, also schärfen unsere Sinne, und wir sind eher in der Lage, an unsere Grenzen zu gehen. Dies war zu Zeiten des Säbelzahntigers und der ungeschützten Behausungen überlebenswichtig. Heute hemmt uns dieser Vorgang im Alltag öfter, als dass er uns nutzt. Unser Gehirn kann leider nicht erkennen, ob die Gefahr eine erdachte oder eine reale Gefahr darstellt. Die Stresshormone haben auch Zugriff auf den Hippocampus, den Langzeitspeicher oder auch Teil des Gehirns, der für Lern- und Erinnerungsprozesse verantwortlich ist. Nun können wir Gelerntes und Handlungsstrategien kaum abrufen und neues Wissen kann keinesfalls aufgenommen werden. Früher war es sehr hilfreich, dass wir dann zu den primitiven Funktionen leichten Zugang hatten ... schlagen, brüllen, angreifen, rennen, kämpfen oder tot stellen ... zu oft werden diese primitiven Funktionen getriggert, in Situationen, in denen wir sie so gar nicht brauchen können, in denen wir Ruhe und ein offenes Ohr für unser Gegenüber und uns selbst viel eher benötigen würden. Vieles wird leichter, wenn wir erkennen, dass es selten eine Situation oder gar unser Gegenüber selbst ist, die uns stressen sondern das Gefühl oder die Gedanken, die wir mit ihnen verbinden.

Wie kann es sein, dass wir es täglich zulassen, dass viele unserer Kinder durch Hausaufgaben über- oder unterfordert sind, dass sie eine Beschäftigungsmaßnahme aufgebrummt bekommen, obwohl es für sie viel gesünder wäre, zu spielen, sich mit Freunden zu treffen, sich zu langweilen, ein Buch zu lesen, zu toben oder zu musizieren? Wie kann es sein, dass wir diesen Stress und die Disharmonie, die Hausaufgaben in vielen Familien hervorrufen, seit Jahrzehnten zulassen? Wie kann es sein, dass wir uns dafür hergeben, für etwas zu strafen oder etwas zu belohnen, was gar nicht in unseren Aufgabenbereich gehört? Wenn es uns mit einer Situation nicht gut geht, wenn sie Stress, Wut, Unfrieden, Unterforderung, Überforderung, Streit, das Gefühl der Ohnmacht, ein Gefühl der Zeitverschwendung hervorruft, so werden wir uns als gesunde Menschen über kurz oder lang dazu entschließen, dass wir uns diesen Situationen nicht mehr aussetzen wollen, und diese Situationen meiden.

Was ist eigentlich mit unseren Kindern heute los?

Was ist da los mit diesen Kindern? Wollen sie sich nicht mehr anstrengen? Wo sind die Motivation und die Leistungsbereitschaft?

Auf einer Tontafel der Summerer (ca. 3000 v. Chr.) fand man geschrieben: »(...) die Jugend achtet das Alter nicht mehr, zeigt bewusst ungepflegtes Aussehen, sinnt auf Umsturz, zeigt keine Lernbereitschaft und ist ablehnend gegen übernommene Werte (...).«

»(...) die Schüler achten den Lehrer und Erzieher gering. Überhaupt, die Jüngeren stellen sich den Älteren gleich und treten gegen sie auf, in Wort und Tat.« (Platon, 427–347 v. Chr.)

Etwas bekannter ist das Zitat Sokrates' (470–399 v. Chr.): »(...) die Kinder von heute sind Tyrannen. Sie widersprechen ihren Eltern, kleckern mit dem Essen und ärgern ihre Lehrer (...).«

»Es ist die Wahrnehmung gemacht worden, dass bei der Schuljugend, die früher kundgegebene Anständigkeit und das sittliche Benehmen mehr und mehr verschwinde (...).« (Regierungsbericht, 1852)

Im Jahr 2011 schrieb der DIHK-Chef, dass fehlende Disziplin, mangelnde Leistungsbereitschaft, geringe Belastbarkeit die heutigen Azubis auszeichneten und dass sie den Unternehmen Sorgen machten.

Auch wenn man sich mit Grundschullehrern unterhält, entsteht der Eindruck, es würde von Schuljahr zu Schuljahr schlimmer um die neuen ABC-Schützen stehen.

Anscheinend haben wir aber seit circa 5000 Jahren das gleiche Problem, bzw. lässt das dann wohl auch die Schlussfolgerung zu, dass die Menschheit seit Anbeginn mit genau diesen Sorgen zu kämpfen hat. Von Anbeginn ist menschliche Entwicklung gekennzeichnet von der Abkehr alter Werte und dem Widersprechen der Jugend, die doch der Lebenserfahrung der Älteren viel größere Bedeutung schenken sollte.

Virginia Satir, als Mutter der Familientherapie, war wohl eine der ersten, die erkannte, dass wir Veränderungen und Entwicklung in einem Menschen nur anstoßen können, wenn wir den Glauben an das schwarze Schaf im System aufgeben. Wir dürfen uns als System verstehen, in dem im Rahmen von Alltagskonflikten nie einer allein die Schuld an Erfolg oder Misserfolg trägt und in dem alles in Wechselwirkung zueinander besteht.

Ich bin überzeugt, jedes Kind möchte leisten und ein guter Schüler sein. Manche Kinder werden erst in den Jahren, in denen es tatsächlich um sie und ihren weiteren Werdegang geht und nicht mehr um das Jagen nach der besten roten großen Zahl am oberen Blattrand, zu schulischen Überfliegern. Zu oft geschieht es, dass wir dort ins Gegeneinander geraten, wo doch beide Seiten dasselbe Ziel verfolgen. Eltern können erfragen und sollten sich selbst hinterfragen, warum es dem Kind gerade schwerer fällt, den schulischen Anforderungen gerecht zu werden.

Ebenso wichtig ist es, zu erkennen, ob es tatsächlich schulische Anforderungen sind, denen es nicht gerecht wird, oder erwarten die Eltern gerade zu viel. Schulischer Erfolg bzw. Misserfolg ist keine in Stein gemeißelte Größe. Kleine Umstellungen und neue Denkanstöße für den Alltag können viel bewegen. Manchmal brauchen Veränderungen Zeit und Geduld. Bringen wir Vertrauen, Zeit, Geduld und den Willen auf, auch das eigene Verhalten unter die Lupe zu nehmen, so wird sich eine Verbesserung der Situation einstellen.

Wie sinnvoll sind Hausaufgaben und haben sie überhaupt diese große Aufmerksamkeit verdient

Schulischer Erfolg hat viele Facetten. Intelligenz ist ein kleiner Baustein davon. Das Rüstzeug, das Schüler für das schulische und das außerschulische Lernen mitbringen, variiert stark. Unsere Lernkarriere hängt in großem Maß an familiärem Hintergrund bzw. Umfeld, Arbeitstempo, Ausdauer, Merkfähigkeit, Konzentrationsvermögen, Belastbarkeit, Frustrationstoleranz, unserem Selbstwertgefühl, unserem Gefühl für Selbstwirksamkeit, der Motivation, den kognitiven Fähigkeiten, unserer momentanen psychischen und physischen Verfassung, unseren fein- und grobmotorischen Fertigkeiten. Sie ist abhängig von aktuellen Erlebnissen auf zwischenmenschlicher Ebene und unserem Wissenstand bzw. unseren Vorkenntnissen zum Lernstoff und den Erfahrungen, die wir beim schulischen Lernen bisher gemacht haben.

Manchmal fällt es Kindern schwer, Hausaufgaben zu machen, oder sie verweigern schulische Themen komplett, weil sie auf etwas aufmerksam machen wollen, dass in ihrem Leben in Schieflage geraten ist. Manchmal fehlt diesen Kindern das Wichtigste im Leben eines Menschen – gesehen, gehört und anerkannt zu sein, und das Thema Schule und Hausaufgaben sind bestens geeignet, um endlich von den Eltern und dem sozialen Umfeld gesehen und gehört zu werden. Hausaufgaben nicht machen wollen, kann also ein SOS an die Erwachsenen sein. Die Ursachen hierfür sind oftmals zwischenmenschliche Schwierigkeiten im Schulalltag, mit Klassenkameraden oder Lehrern, oder Konflikte im familiären Umfeld.

Einige Kinder sind mit Hausaufgaben einfach über- oder unterfordert. Ein Drittklässler, der schon in der ersten Mathematikstunde verstanden hat, wie das schriftliche Subtrahieren geht, der kann nicht nachvollziehen, warum er nun mehrere Wochen lang, und das seitenweise, Aufgaben nach diesem Schema in der Schule und auch noch als Hausaufgabe lösen soll. Das Kind, welches das schriftliche Subtrahieren nach zwei Wochen noch nicht verstanden hat, sitzt ähnlich frustriert über dem Aufgabenblatt. Beiden Kindern fehlt in diesem Moment die Möglichkeit, sich im Rahmen ihrer individuellen Fähigkeiten und Bedürfnisse zu entwickeln und zu lernen. In diesem Fall verhindern wir sogar das Lernen und greifen die natürliche Lernmotivation und Lernfreude an. Wir lassen Kinder in solchen Momenten nicht lernen. In beiden Kindern, dem überforderten und dem unterforderten, wird die Lernmotivation gehemmt und Frustration erzeugt.

Studien haben ergeben: Gute Schüler werden durch vorgegebene Hausaufgaben nicht zu sehr guten Schülern und schlechte Schüler nicht zu guten. Hausaufgaben tragen kaum zum Einüben des selbstständigen Lernens bei, und sie eignen sich nur bedingt, den Schulstoff so zu festigen, dass er im richtigen

Moment abrufbar ist. (vgl. z. B. Gängler, 2008/2010). Wie sollten sie auch? Das würde bedeuten, dass alle Kinder einer Klasse jeden Tag auf dem gleichen Lernstand sind.

Noch immer sitzen unsere Kinder – wider aller Erkenntnisse der Lern- und Hirnforschung – tagtäglich und viele Stunden am Stück in einem Lehrervortrag. Wenn wir Erwachsene uns dies heute antun, dann meist freiwillig und auf einem Gebiet, das uns selbst interessiert, und dennoch ist es nicht immer leicht, dann konzentriert dabei zu bleiben, still zu sitzen und zuzuhören. Selbstverständlich ist das Wiederholen des am Vormittag meist auditiv präsentierten Schulstoffes in regelmäßigen Abständen und sinnvollen Portionen das Fundament des nachhaltigen Lernens. Ich kenne kaum Lehrer und habe von wenigen Lehrern gehört, die sich trauen, die gängige Praxis des Frontalunterrichts durch lebendigen Unterricht zu ersetzen. So kommt aufgrund der aktuellen Hausaufgaben- und Unterrichtspraxis das Lernen für Leistungsnachweise zur Hausaufgabenzeit dazu. Hausaufgaben erledigen bedeutet meist, einfach nur zu reproduzieren. Um das in der Schule erwartete Wissen vollumfänglich zu behalten und anwenden zu können, braucht es allerdings mehr als Aufgaben mit reproduktivem Charakter gelöst zu haben.

Von der Mär der regelmäßigen Wiederholung aller Lerninhalte

Der Gedächtnisweltmeister Dr. Gunter Karsten nennt sieben Mentalfaktoren, die wir beim Erwerb von neuem Wissen berücksichtigen müssten, um ein Wiederholen des Lernstoffes nahezu überflüssig zu machen. Mein Sohn profitiert gerade von einem Grundschullehrer, der um diese Faktoren zu wissen scheint, da er genau diese beim Aufbereiten von neuen Lerninhalten anbietet. Er hat dadurch keinen Mehraufwand bei der Vorbereitung seiner Stunden, er bietet den Kindern nur an, neu und um die Ecke zu denken. Alle Faktoren laufen zunächst auf die ersten Pfeiler, nämlich die der Phantasie und der Logik, heraus. Kinder lieben Geschichten und phantastische Bilder. Je mehr wir davon beim Lernen präsentieren, desto weniger Wiederholungen werden sie brauchen. Wir können Kinder einfach mit vorgekautem Wissen füttern oder ihnen Wissen so anbieten, dass sie es sich selbst erarbeiten und erschließen müssen, also ihr logisches Denken angeregt wird. Bekommen wir Lerninhalte auf phantasievolle oder phantastische Weise dargeboten, oder wird unsere Phantasie beim Lernen angeregt, so werden wir den Lernstoff automatisch visualisieren, was Karsten ebenfalls als einen der wichtigen Lernfaktoren nennt. Ein weiterer Faktor ist die Transformation. Lerninhalte sind nicht immer spannend, manchmal staubtrocken. Es wird für uns leichter, diese zu memorieren, also uns zu erinnern, wenn wir sie in einen emotionsgeladenen Zusammenhang setzen. Ein weiterer Faktor ist also die Emotion. Wir können emotionsgeladene Bilder in das Lernmaterial integrieren und so unser Gedächtnis unterstützen, den Lerninhalt zu behalten. Je mehr wir schon wissen, desto mehr wollen wir wissen. Verknüpfen (assoziieren) wir neuen Lernstoff mit schon Bekanntem, bleibt das neue Wissen auch schneller im Gedächtnis. Auch wenn wir neue Lerninhalte miteinander verknüpfen und sie zu mundgerechteren Stücken machen, behalten wir den neuen Lernstoff schneller. Als letzter Schritt sollte das Lernmaterial noch verortet werden, bei dem der Lerninhalt symbolisch an einem uns bekannten Ort abgelegt wird. Karsten erklärt dies genauer über den Vergleich mit dem verlegten Autoschlüssel, bei dem wir ebenfalls alle Räume und Orte, an denen wir waren, abgehen würden, um uns zu erinnern und um schließlich den Schlüssel wieder zu finden.

Über Hausaufgaben soll die benötigte Wiederholung und Automatisierung des Lernstoffes erreicht werden.

Der positive Effekt von Hausaufgaben konnte im Laufe der letzten Jahrzehnte nicht bewiesen werden. Man findet sie, die Studien, die der durch Lehrer erteilten Hausaufgabe eine positive Wirkung auf die Persönlichkeit des Schülers und die erzielten Noten zuschreiben. Wichtig ist, hier genau zu unterscheiden, in welcher Schulart und in welcher Jahrgangsstufe die Untersuchungen durchgeführt wurden. Meist betrifft dies die letzten Schuljahre. Interessant ist, dass Freudenstein (1996) zu bedenken gibt, dass man gerade in der Oberstufe, für die Untersuchungen einen positiven Effekt der Hausaufgaben belegen, nicht mehr mit obligatorischen Hausaufgaben arbeiten sollte, da die Schüler in einem Alter seien, in dem sie sich selbst vom Unterricht befreien könnten, und dies nicht damit zusammen passe, dass sie eine Fülle von selbstständigen Entscheidungen täglich zu treffen hätten und Hausaufgaben dennoch weiterhin verordnet würden.

Es gibt allerdings weit mehr Untersuchungen, deren Schlussfolgerungen erwarten ließen, dass die bisher am Nachmittag abzuarbeitenden Lerninhalte in den Unterricht am Vormittag integriert gehören.

Gerade auf dem Gebiet des außerschulischen Lernens und bei dem Thema Hausaufgaben finde ich es erstaunlich, dass es so viele dokumentierte Forschungsberichte und Experimente gibt, die die gängige Praxis für überdenkbar halten, und dass sich dennoch bis heute kaum etwas geändert hat. Es wird zwar über Hausaufgaben und über Kinder, die ihre Hausaufgaben nicht machen, geklagt, aber die Wirksamkeit und die Sinnhaftigkeit sind kaum Gegenstand einer Diskussion. Um die Frage nach der Sinnhaftigkeit aber auch der Bedeutung von Hausaufgaben beantwortbarer zu machen, möchte ich die Ergebnisse einiger Studien nennen.

Bereits 1906 schrieb der Dresdner Pädagoge Gustav Schanze, dass Hausaufgaben als *»entbehrlich anzusehen seien«* und forderte, *»dass die Hausaufgabe aus den unmethodischen Händen der häuslichen Berater in die methodischen Hände des Lehrers«* gehen sollte.

1958 beobachtete der Mülheimer Pädagoge Bernhard Wittmann vier Monate lang Schüler der dritten und sechsten Klasse, die für diesen Zeitraum in zwei Schulfächern keine Hausaufgaben bekamen. Vergleiche mit den Mitschülern zeigten, dass die Schüler, die keine Hausaufgaben mehr gemacht hatten, teils genauso, teils sogar noch besser abschnitten.

Die Schüler selbst erklärten, dass sie motivierter seien und mehr Freude am Lernen hätten. Auch dem schulischen Umfeld kamen die Schüler motivierter und lernfreudiger vor. Somit schrieb Wittmann 1964 in seinem Forschungsbericht, *»dass Hausaufgaben keinen Zuwachs an Kenntnissen und Fertigkeiten bringen«.*

Dietz/Kurth analysierten die Hausaufgaben von 1533 Schülern der Klassenstufen neun bis zwölf. Sie befanden, dass die meisten Hausaufgaben in die Kategorie *»einfache Festigung des Wissens und Könnens«* fielen (mit einem Prozentanteil von 54). Ein verschwindend geringer Anteil von einem Prozent der erteilten Hausaufgaben war laut Dietz/Kurth tatsächlich zur *»Systematisierung des Wissens«* geeignet.

Im Jahr 1993 wurden in einem Schweizer Kanton die Hausaufgaben für vier Jahre abgeschafft. Schnell war klar, dass die Schüler von dem Wegfall der Hausaufgaben profitierten. Sie waren deutlich motivierter und hatten mehr Freude an der Schule als die Schüler, die Hausaufgaben machen mussten. Sie wiesen keine Leistungseinbußen gegenüber den Kindern aus anderen Kantonen auf, die weiterhin Hausaufgaben zu erledigen hatten. Und obwohl also die Begleitforschung von Hascher/Bischof (2000) diese positiven Effekte offenlegte, schaffte der Druck seitens der bildungskonservativen Medien und Elternschaft eine

Kehrtwende. Im Jahr 1997 wurden die Hausaufgaben wieder eingeführt.

Im Jahr 1997 kam Dr. Ilse Nilshon im Rahmen des EU Socrates Projects »Raising the quality of learning beyond the classroom« zu dem Schluss, dass sich die in Deutschland gängige Hausaufgabenpraxis und der Ausbau der Fähigkeit von Schülern, selbstständig zu lernen, widersprechen. So schreibt Nilshon, *»(...) dass mangelnde Möglichkeiten für selbstständiges Handeln im Unterricht, nicht einfach durch Hausaufgaben zu kompensieren seien (...).«*

Im Jahr 2013 wies die Soziologin Allmendinger darauf hin, dass Hausaufgaben das soziale Ungleichgewicht an unseren Schulen verstärkten. Sie fand heraus, dass genau die Kinder, die die wenigste Unterstützung bräuchten, ein lernfreundliches Umfeld und viel Unterstützung vorfanden, und die Kinder, die von zusätzlichen Übungen am Nachmittag profitieren würden, konnten auf häusliche Förderung nicht zurückgreifen.

Eine Forsa-Umfrage ergab, dass sich 65 % der Eltern regelmäßig an den Hausaufgaben beteiligen. Nur 24 % der befragten Schüler gaben an, dass sie für ihre Hausaufgaben weder Eltern noch andere Unterstützung brauchten. Und im Auftrag des Lernportals Duden Lernattacks ergab eine Meinungsumfrage, dass sich 46 % der Eltern gestresst davon fühlen. Bedenkt man nun, dass Umfragen ebenso ergeben haben, dass bereits Erst- und Zweitklässler bis zu einer Stunde an den Hausaufgaben sitzen und Dritt- und Viertklässler oftmals schon bis zu zwei Stunden, so stellt sich die Frage, warum Eltern und Lehrer noch nicht öffentlich und gemeinsam gegen Hausaufgaben auf die Barrikaden gehen. Bei allen Befragungen sprechen sich trotz des erlebten Stresses aber die Hälfte, manchmal sogar Dreiviertel, der an der Umfrage teilnehmenden Erwachsen gegen eine Abschaffung der Hausaufgaben aus.

Auch bei vielen Lehrern sind Hausaufgaben unbeliebt, da das tägliche Korrigieren und Besprechen der Hausaufgaben viel Zeit in Anspruch nehmen.

Aus diesen Gründen und auch, weil ein soziales Ungleichgewicht beim außerschulischen Lernen besteht, hat sich die Christoph-Rensing-Grundschule in Dormagen dazu entschieden, Hausaufgaben abzuschaffen. Die Schulleitung wird in der Zeit zitiert, sie wolle nicht, dass Eltern zu Nachhilfelehrern ihrer Kinder werden, denn Lehrer könnten nach dem Unterricht nicht wissen, ob der Lernstoff so gefestigt ist, dass die Kinder damit allein zurechtkämen. An der Grundschule in Dormagen wurde die Hausaufgabe durch Lernzeitstunden ersetzt. An drei Tagen bleiben die Schüler länger in der Schule, um zusätzliche Übungen zu erledigen. Und das neue Konzept kommt in Dormagen gut an. Fast alle Familien meinten, dass der Alltag nun entspannter sei. Wobei es auch Stimmen gab, die bemängelten, dass man so als Eltern keinen Überblick mehr über den aktuellen Wissensstand habe.

In Deutschland ist diese Grundschule in Dormagen eine der wenigen Ausnahmen. Für die meisten Schüler gehören Hausaufgaben zum Alltag. Als Richtwert gilt, dass die Hausaufgabenzeit in den ersten zwei Schuljahren max. 30 Minuten betragen sollte. In den Klassenstufen drei und vier müssen die Schüler bereits eine Dreiviertelstunde bis zu einer vollen Stunde für die Hausaufgaben einplanen. In der fünften und sechsten Klasse verwenden Kinder bereits täglich 60 bis 90 Minuten ihrer Freizeit für Hausaufgaben, und ab Klasse sieben sind es in etwa 90 bis 120 Minuten täglich. Die zusätzliche Lernzeit für Leistungsnachweise kommt noch oben drauf.

Aus meiner eigenen Praxis kenne ich Grundschüler, die täglich bis zu drei Stunden über den Hausaufgaben und zusätzlichen Übungen sitzen. In solchen Fällen ist es wichtig, dass Eltern ehrliche Rückmeldung an die Schule geben, wie es zuhause mit den Hausaufgaben lief, und dem Kind dringend Strategien an die Hand zu geben, um die Hausaufgabe in einem angemessenen zeitlichen Rahmen zu schaffen.

Kaum einer macht von der zumindest für die ersten Grundschuljahre geltenden Regel Gebrauch, die Hausaufgabenzeit nach einer halben Stunde zu beenden, wenn das Kind die Aufgaben in diesem Zeitraum nicht geschafft hat.

Sinn und Zweck der Hausaufgaben sind die Festigung und Vertiefung des Lernstoffes. Ein Lehrer braucht Rückmeldung, wenn die Hausaufgaben für einen Schüler nicht zu diesem Zweck geeignet waren, bzw. der im Unterricht erarbeitete Schulstoff nicht in dem Umfang verstanden wurde, dass die Hausaufgabe selbstständig erledigt werden konnte. Ein Lehrer sollte in Kenntnis gesetzt werden, wenn die Hausaufgabe zu emotionalen Ausbrüchen wie Wut, Verzweiflung, Über- oder Unterforderung geführt hat. Zu Beginn dieses Leitfadens hatten wir erfahren, dass es die Bedeutung der Hausaufgabe sei, Kinder zu selbsttätigem, autonomem und eigenverantwortlichem Lernen zu befähigen. Es ist also m. E. nicht die Aufgabe der Eltern, über Hausaufgaben zu wachen und die Erledigung über Strafe oder Belohnung einzufordern. Es ist aber schon die Aufgabe der Eltern, eine lernfreundliche Umgebung zu schaffen.

Bitten Sie Lehrer um weitere Tipps zu Lern- und Arbeitstechniken. Zeigen Sie, dass Sie die Lernkarriere Ihres Kindes bewusst begleiten, aber keinesfalls über Druck und Strafen die Eltern-Kind-Beziehung belasten wollen. Bitten Sie die Lehrkraft Ihres Kindes, ein Gespräch mit den Schülern zu führen, um die Gründe für die Nicht-Erledigung der Hausaufgabe zu erfragen und zu besprechen und um den Schülern die Möglichkeit zu geben, über den Lehrer direkt zu erfahren, aus welchem Grund er persönlich Hausaufgaben befürwortet.

Es ist auch durchaus sinnvoll, wenn Eltern beim Hausaufgabenmachen in räumlicher Nähe bleiben, um die schulischen Übungen begleiten zu können. Eltern können Lernbegleiter sein, aber sie sollten nicht die Verantwortung für das schulische Lernen und den Schulalltag über das Packen von Schulranzen etc. übernehmen. Wie diese Lernbegleitung genau aussehen könnte, werde ich noch genauer ausführen.

Wünschenswert wäre es, wenn unsere Schulkinder im Rahmen des Unterrichts selbst zum Reflektieren angeregt werden würden, welche Übungen zu dem heutigen Schulstoff für das Kind individuell sinnvoll sind. Wochenaufgaben als Aufgabenpool, nicht nur in der Freiarbeit in der Schule, sondern auch für daheim, in dem sich die Kinder selbst orientieren dürften, entschleunigen und geben den Schülern die Verantwortung fürs Lernen schon ein Stück zurück. Es sollte ein Mindestpensum festgelegt werden, wobei die Kinder aus dem Aufgabenpool selbst wählen und nur eine grobe Einteilung in Pflicht- und Wahlaufgaben stattfindet. So wird die Hausaufgabe tatsächlich zur individuellen Förderung und dient der Festigung des am Vormittag erarbeiteten Schulstoffes. So lernt jeder Schüler in seinem Tempo und sorgt selbst für ein solides Fundament seiner Kenntnisse. Auch Selbstdisziplin, Verantwortung und Selbstständigkeit könnten so tatsächlich ausgebaut werden. Einige Lehrer an staatlichen Schulen praktizieren diese Form der Hausaufgabenvergabe bereits.

Wittmanns Unterrichtsexperiment (1958 bis 1964) ergab, dass 80 % der befragten Schüler glaubten, dass Hausaufgaben ihnen helfen, in der Schule gut mitzukommen, und sogar 74 % gaben an, ihre Hausaufgaben gerne zu machen. Im Jahr 1993 kam heraus, dass sich an der positiven Einstellung zu Hausaufgaben unter den Schülern kaum etwas geändert hatte. 85 % der Schüler glaubten, dass Hausaufgaben wichtig seien, um den Schulstoff zu behalten.

Das hört sich doch wunderbar an. Vielleicht müssen wir also gar nicht über eine Abschaffung der Hausaufgaben diskutieren, sondern über eine Umgestaltung und Anpassung an Kenntnisse der modernen Hirn- und Lernforschung. Oder wir müssen gar nichts ändern, da die meisten gut damit zurechtzukommen scheinen. Dürfen wir uns also entspannt zurücklehnen, so dramatisch scheint es dann wohl nicht zu sein. Einige wenige kommen mit den Hausaufgaben nicht zurecht. Ich gehe davon aus, weiß es allerdings nicht, dass Wittmann keine offene Frage benutzt hat, sondern gezielt wissen wollte, ob Kinder denn gerne Hausaufgaben machten. Und die Kinder so nur Ja oder Nein antworten konnten. Ich fragte mich also, ob die Art und Weise der Fragestellung das Resultat beeinflusst hatten.

Ich habe also auch nachgefragt. Wahllos Schüler, die ich kannte, aber auch Schüler, die ich nicht kannte, angesprochen. Es stimmt, sie gaben mir nahezu alle diese Antwort: Hausaufgaben seien wichtig, um in der Schule gut zurechtzukommen. Erstaunlicherweise gaben genau die Schüler, von denen ich wusste, dass Hausaufgaben bei ihnen selbst und ihren Eltern zu Stress und sogar Unwohlsein führten, diese Antworten: Sie machten Hausaufgaben gerne, da sie wichtig für das Weiterkommen in der Schule seien. Ich fragte weiter, ob also die Hausaufgaben stets genau das abdeckten, was sie als Wiederholung brauchten, und ob sie das im Rahmen der Hausaufgaben übten, was sie noch besser verstehen wollten. Dies konnte wiederum kaum einer bejahen. Und je länger ich mich mit den Schülern unterhielt, desto klarer wurde mir, dass die zuerst gegebene Antwort dann wohl die gehorsame Antwort auf eine ja/nein-Frage gewesen war und vielleicht nicht dazu geeignet war, die Stimmung und die Lage der Schüler und ihrer Familien zu spiegeln.

Wie geht es dir mit Hausaufgaben?

Viele Menschen halten an dem Glauben fest, dass Kinder ja noch wenig verstehen würden und noch nicht die Fähigkeiten hätten, sich auszudrücken. Sie reden aus diesem Grund mehr über Kinder statt mit ihnen. Aus irgendeinem Grund hält sich das Gerücht, dass Kinder zwar wissen, was sie wollen, aber nicht, was sie brauchen. Meine Erfahrung ist eine andere. Wenn Kinder von klein auf lernen, über eigene und Gefühle und Bedürfnisse anderer Menschen nachzudenken, werden sie dies können und emotionale Zusammenhänge in Worte fassen können; manchmal besser als ein Erwachsener. Es ist wohl eins der wichtigsten Erkenntnisse, die Eltern sammeln, wenn sie mit ihrem Kind bei mir in der Praxis waren. Die Worte sind immer ähnlich: »... ich wusste gar nicht, dass er/sie sich so viele Gedanken darüber macht«, »... es war mir nicht bewusst, welch tiefes Verständnis für die Situation bei ihm/ihr da ist ...«, »... ich wusste gar nicht, dass er/sie sich über eine Lösung bzw. Verbesserung der Situation Gedanken macht ...«. Wir dürfen Kindern getrost mehr zutrauen. Wir dürfen ein tieferes Verständnis erwarten, als wir das bisher tun. Je mehr Gespräche ich einem Kind anbiete, desto besser wird es die Fähigkeit, zu reflektieren und eigene Gefühle in Worte zu fassen erlernen bzw. ausbauen. Meine Kinder sind sehr unterschiedlich, aber eines ist bei allen vier gleich, sie wollen Erklärungen und ausführliche Gespräche. Ich freue mich darüber, dass sie mein Nein nicht immer sofort akzeptieren, aber auch nicht trotzig in den Widerstand gehen, sondern von mir erwarten, dass ich ihnen erkläre und zeige, was in mir vorgeht. Sie brauchen das, um es mit ihrem Inneren und ihren Vorstellungen abzugleichen und zu erspüren, ob es nun wichtiger ist, ihrem Selbst zu folgen oder sich meinen Vorstellungen anzupassen. Und die besten Situationen sind für mich, wenn sie mein Nein mit fundierten Erklärungen und Argumenten ausheben können. Ich denke, sie haben dort eine wichtige Fähigkeit erworben, die ihnen in Beziehungen heute und später einen guten Dienst erweisen wird.

Was aber hat die emotionale Intelligenz mit Hausaufgaben zu tun? Laut Goleman (1996) ist der Bedeutung der emotionalen Intelligenz viel Gewicht beizumessen. *»(...) So wäre der Schul-, Berufs- und Lebenserfolg nicht nur von kognitiven Kompetenzen abhängig, sondern z. B. auch von Selbstvertrauen, Kommunikationsfähigkeit, Menschenkenntnis, Neugier, Frustrationstoleranz, Kooperationsbereitschaft, Selbstbeherrschung, Sensibilität ... usw. (...).«* Mit einem hohen emotionalen IQ erkenne ich eigene Gefühle und fühle mich nicht ausgeliefert. Ich kann meine Gefühle steuern und beeinflussen. Ich erkenne, dass mich nichts und niemand dazu bringt, irgendwie zu sein, sondern dass ich eine Wahlmöglichkeit habe. Ich kann impulsive Reaktionen abwenden und bei anderen Menschen erkennen, was sie brauchen und wollen. Je ausgeprägter meine Fähigkeiten hier sind, desto weniger werde ich in schwierigeren oder anstrengenderen Zeiten leiden und desto seltener werde ich auf Kompensationsstrategien zurückgreifen müssen oder durch Stress ausgelöste einfache Handlungsstrategien wie brüllen, schlagen, wegrennen oder kämpfen nutzen. Denn unser System kann, wie wir bereits erfahren haben, leider nicht unterscheiden, dass die gefühlte Gefahr, der gefühlte Angriff, kein realer ist, wie zu Zeiten des Säbelzahntigers. Solange Hausaufgaben zu unserem familiären Alltag gehören, tun wir gut daran, uns selbst und unseren Kindern das nötige Rüstzeug anzulegen, um mit der nicht freiwillig gewählten Situation, von vielen als Angriff erlebt, klarzukommen, und dazu gehört in großem Maß, meine Gefühle angemessen artikulieren und regulieren zu können.

Lassen wir Kinder und Eltern doch einmal selbst erzählen:

Alex, 10 Jahre: »Ich gehe in die 4. Klasse. Ich verstehe halt viele Sachen nicht so gut. Schule macht mir nur in den Pausen Spaß. Meiner Mama sage ich nicht immer, wenn wir Hausaufgaben haben. Sie ist gleich gestresst, wenn ich etwas nicht weiß. Noten sind doch nicht so wichtig. Wir sollten einfach mal sein dürfen.«

Lukas, 9 Jahre: »Ich gehe auch in dieselbe Klasse wie Maxi. Ich bin bis 17 Uhr im Hort. Dort haben die Erzieherinnen wenig Zeit, uns die Hausaufgaben zu erklären, die wir allein nicht lösen können. Also muss ich das mit Mama oder Papa noch abends nach dem Hort machen, und zusätzlich üben wir dann noch für Proben. Wir haben fast nur Stress.«

Anna, 8 Jahre: »Als ich im Kindergarten war, war mein Leben schön. In der 1. und 2. Klasse auch noch ein bisschen. Jetzt gehe ich in die 3. Klasse. Jetzt ist das schöne Leben vorbei. Hausaufgaben mache ich sehr langsam, und danach muss ich jeden Tag üben. Jetzt wird es ernst, ich soll es ja aufs Gymnasium schaffen.«

Luis, 12 Jahre: »In der Grundschule haben mich Hausaufgaben gestresst. Es war wie eine Beschäftigungsmaßnahme. Ich konnte das alles schon und hätte keine Wiederholungen gebraucht. Jetzt bin ich in der 7. Klasse Gymnasium in Bayern. Hausaufgaben sind ok. Jetzt habe ich öfter das Gefühl, dass die Hausaufgabe zur Wiederholung für mich persönlich sinnvoll war. Wir haben allerdings das Doppelstundenprinzip und so nur drei höchstens vier verschiedene Fächer pro Tag. Das reduziert natürlich die Hausaufgabenzeit deutlich.«

Michelle, 13 Jahre: »Lateinhausaufgaben schreibe ich ab. Ich habe einfach keine Zeit dafür. Ich muss so viel üben für die anderen Fächer wie Mathe, und das ist ja wichtiger, denn sonst bekomme ich schlechte Noten.«

Lara, 14 Jahre: »Ich bin in der 8. Klasse. Am schlimmsten sind für mich Mathehausaufgaben. Ich verstehe gar nichts. Ich habe in Mathe auch eine 5. Wenn ich am nächsten Tag aber zu meinem Lehrer gehe und ihm sage, dass ich es nicht verstanden habe, bekomme ich Ärger. Er meinte, ich solle es wenigstens versuchen. Also schreibe ich halt irgendwas in mein Heft. Richtig ist meine Mathehausaufgabe nie.«

Leonie, 8 Jahre: »Ich gehe in die dritte Klasse einer Grundschule in Bayern. Manchmal lege ich mich nach der Schule ins Bett und sage, dass ich Kopf- oder Bauchschmerzen habe. Ich bleibe dann lieber den ganzen Tag im Bett, als Hausaufgaben machen zu müssen.«

Ben, 8 Jahre: »Ich gehe in eine 4. Klasse. Ich glaube, dass es Hausaufgaben gibt, damit die Kinder von der Straße sind. Und auch die Eltern haben kaum Zeit für etwas anderes oder um über etwas anderes als Schule nachzudenken. Wenn irgendjemand wollen würde, dass es um uns Kinder geht, dann hätten sie uns doch mal gefragt. Das, was man vormittags in der Grundschule lernt, das muss man doch nicht üben. Das ist Grundwissen. Das kann man einfach.«

Lukas, 10 Jahre: »Wenn ich mich umbringen würde, dann müsste ich keine Hausaufgaben mehr machen, und meine Mama und mein Papa hätten nicht so viel Stress.«

Marco, 15 Jahre: »Wir haben einen Klassenchat auf WhatsApp. Wir wechseln uns mit den Hausaufgaben ab. Mal macht der eine, mal der andere eine Hausaufgabe, und wer sie hat, schickt sie für die anderen. Erfahren darf das keiner. Dann sind wir dran.«

Mutter von Marie: »Marie hatte schon ab dem ersten Schultag so viele Hausaufgaben, dass wir beide jeden Nachmittag zwei Stunden am Tisch saßen. Marie weinte, und meine Nerven lagen jeden Nachmittag blank. Marie hätte so viel Übung gebraucht, aber wir mussten ja die vorgegebene Hausaufgabe erledigen. Das Fundament war bei Marie doch gar nicht da, um die Hausaufgabe zu erledigen. Sie kam nicht mit.«

Mutter von Lukas: »Ich streite oft mit meinem Mann, weil er mit Lukas wegen der Hausaufgaben sehr grob umgeht. Jeden Tag wird geschrien, eingesperrt und gedroht. Ich halte das alles nicht mehr aus.«

Mutter von Mario: »Er lügt mich an, wenn es um Hausaufgaben geht. Er erfindet dann sogar irgendwelche Dinge, die angeblich am Vormittag stattgefunden hätten und den Lehrer vergessen haben lassen, Hausaufgaben aufzugeben.«

Vater von Sara: »Ihr Heft ist voll mit ›Hausaufgabe fehlt‹-Stempeln. Sie macht sie einfach nicht. Egal, wie wir schimpfen oder strafen. Es scheint ihr einfach egal zu sein. Was sollen wir ihr denn noch alles verbieten, damit sie diese Hausaufgaben macht?«

Mutter von Samuel: »Heute waren mein Schwager und meine Schwiegereltern zu Besuch. Wir saßen alle gemeinsam über einer Rechengeschichte, die Samuel aufhatte, und es hat eine Weile gedauert, bis mein Schwager, der Physik studiert hat, sie schließlich lösen konnte. Wir alle anderen waren nicht in der Lage, die Aufgabe richtig zu lösen.«

Mutter von Sara, Timo und Felicitas: »Ich bin froh, dass Felicitas ein schulischer Selbstläufer ist und immer war. Sie kann ihren jüngeren Geschwistern bei den Hausaufgaben helfen. Ich bin schon in Klasse 4 mit diesen Satzergänzungen und den vier Fällen ausgestiegen. Letztens hatte meine Tochter Passivsätze in Englisch auf ... ich habe gar nichts verstanden. Wie schaffen das die Eltern, ihren Kindern in all diesen Bereichen zu helfen? Ich habe selbst einen mittleren Bildungsabschluss, und trotzdem überfordert mich das alles.«

Die erst kürzlich veröffentlichte Studie der DAK auf deren Internetseite belegt die Aussagen der Schüler und Eltern; jedes dritte Kind leidet an depressiven Stimmungen. 43 % der Schüler leiden unter Stress, und unter diesen Kindern, die sich gestresst fühlen von Schule und dem Lernen daheim, leiden viele unter medizinisch undefinierbaren Kopf-, Bauch- oder Rückenschmerzen und Schlafproblemen. Mädchen erleben das häufiger als Jungen. Während also unter den Mädchen jedes zweite unter somatischen Beschwerden leidet, sind es bei den Jungen 37 %. Es gaben 40 % der Schüler an, dass sie für die Schule zu viel leisten müssten. Ein weiteres Ergebnis dieser Studie war, dass die somatischen Beschwerden mit den Schuljahren zunahmen. Diese Kinder brauchen unsere Aufmerksamkeit. Schule kann das nicht auffangen. Wir als Gesellschaft tragen Verantwortung. Kinder brauchen ein gutes, respektvolles Zusammenspiel zwischen Eltern, dem Familienverband und dem System Schule, und sie brauchen die Erfahrung in ihm gesehen, gehört und anerkannt zu sein.

Die Untersuchungen von Schwemmer (1980), in denen er 450 Schüler unterschiedlichen Alters zu ihren negativen Erfahrungen mit Hausaufgaben befragte, lassen einen deutlich negativen Einfluss von Hausaufgaben auf die Entwicklung unserer Kinder erkennen. So beschreibt Schwemmer die massiven Konflikte im Elternhaus und in der Schule, die mit Hausaufgaben einhergehen. Er sieht in Hausaufgaben einen Gefährder, wenn es um den Aufbau eines positiven Lern- und Erziehungsprozesses geht und auch für die Eltern-Kind- und die Lehrer-Kind-Beziehung.

Gedanken und Werte rund um Hausaufgaben und Lernen

Als Mutter von vier Kindern, die bisher alle auf eigenen Wunsch im Regelschulsystem geblieben bzw. zurückgekehrt sind, war und bin ich nicht nur beruflich, sondern auch privat motiviert, einen entspannten Weg zu finden, damit Schule nicht mehr Bedeutung in unserer Familie bekommt, als ihr zusteht. Ich wollte genau wissen, wie ich meine Kinder anrege und unterstütze, selbst Verantwortung für das schulische Lernen und ihre Hausaufgaben zu tragen.

Zunächst war es mir wichtig, den von Natur aus vorhandenen Wissens- und Lerndrang kleiner Kinder auch nach Schuleintritt zu erhalten. Vera Birkenbihl, Expertin für gehirngerechtes Lernen, schrieb mehrfach, es läge in Verantwortung der Eltern, dass Kinder trotz Schule lernen können. Ich habe also Verantwortung für die Sicht meiner Kinder aufs Lernen und die Bedeutung von Wissen übernommen, aber die Verantwortung für das Lernen und Leisten an sich den Kindern überlassen.

Ein entscheidender Punkt war für mich, den Fokus bewusster weg von Noten auf Bildung zu legen. Leider erfahren Kinder seltener Anerkennung für das neue Wissen, das sie in der Schule erworben haben. Kaum ein Schüler wird zuhause aufgefordert, zu erzählen, worum es denn in der Geschichts- oder Sachkundearbeit ging, in der er mit der Note 1 bewertet wurde.

Wichtig scheint dem Umfeld nur die große rote Zahl, die auf der Arbeit steht. Damit unterstützen wir als Eltern unbewusst das so viel gescholtene »Bulimielernen«, bei dem man vor einem Test so viel Lernstoff wie möglich aufnimmt, ihn im Test auskotzt und wieder vergisst bzw. vergessen darf. Auch in einer digitalisierten Welt, in der ich jede Information in Sekunden abrufen und verfügbar machen kann, ist Allgemeinbildung ein hohes Gut. Etwas zu wissen, mich auszukennen, macht mich zu einem interessanten Gesprächspartner, ich habe es leichter, Zusammenhänge zu verstehen und über den Tellerrand zu blicken, es gibt uns Sicherheit und erleichtert es, Haltung zu übernehmen.

Ich sehe uns als Eltern in der Pflicht, dem »Bulimielernen« entgegenzuwirken, indem wir den Kindern Anerkennung zollen für ihre gute Allgemeinbildung und für den Einsatz, den sie beim Sich-Aneignen des neuen Wissens gezeigt haben. Durch Gespräche über den Lernstoff halten wir Wissen aktiv, und der Transfer des Schulstoffes in den Alltag wird gewährleistet. Schule kann es aktuell nicht im gewünschten Maße leisten, Kindern zu vermitteln, dass es um Bildung und das langfristige Speichern von Informationen und Wissen geht. Und ich denke nicht, dass sich daran in naher Zukunft etwas ändern wird, auch wenn ich überzeugt bin, dass unsere Enkel schon eine neue Schule erleben werden. Wissbegierde, Neuem aufgeschlossen sein und Lernfreude entstehen weniger durch erzielte Noten, sondern daraus, dass mich ein Thema selbst sehr interessiert und/oder ich für das, was ich weiß, gesehen und geschätzt bin, dass ich Wissen einsetzen und nach meinen Möglichkeiten und Interessen ausbauen kann. Je mehr man weiß, desto mehr möchte man wissen. Aus der Hirnforschung wissen wir, dass es uns auch leichter fällt, neues Wissen abzuspeichern, wenn es an schon vorhandenes, bereits abgespeichertes Wissen ankoppeln kann. Je mehr ich also weiß, desto leichter fällt es mir zu lernen. Es ist für die Lernmotivation von Kindern bedeutungsvoll und m. E. durch kaum etwas zu ersetzen, wenn sie merken, dass sich Eltern, Großeltern und Geschwister für ihr Wissen interessieren, dass man vielleicht sogar weitere Fragestellungen erarbeitet, deren Antworten man gemeinsam sucht und somit den Kindern näherbringt, mit Texten zu arbeiten und Informationen aus verschiedenen Quellen herauszufiltern. Als mein Sohn in der zweiten Klasse sein Haustierreferat hielt, wollte meine fünfjährige Tochter auch ein Referat über unsere Schildkröten im Kindergarten halten. Sie fragte also nach, ob dies im Kindergarten möglich sei. Sie gestaltete ein Plakat mit Bildern und Text und stand an ihrem fünften Geburtstag vor 20 Kindern und drei Erzieherinnen und erzählte und zeigte, was sie wusste. Sie war stolz auf sich und hat erfahren, wie wertvoll es ist, etwas zu wissen und Ahnung zu haben.

Ein für mich ebenso bedeutender Baustein auf dem Weg zum Hausaufgabenvorbild war es, es nicht weiter mit meinen Multi-Tasking-Fähigkeiten zu übertreiben. Ich begann, mich selbst mehr auf das Hier und Jetzt zu konzentrieren, mich weniger ablenken zu lassen und Begonnenes auch wirklich zu Ende zu führen. Gerade in reichlich »bekinderten« Familien geraten wir in diese »Alles-nebenbei-erledigen-Falle« und werden damit unserer Vorbildfunktion in Sachen strukturiertes und gut durchdachtes Arbeiten nicht immer gerecht. Ich fing an, Aufgaben bewusster durchzuführen und dies auch durch Mitsprechen der Vorgänge zu unterstützen. Ich achtete auf meine Emotionen, meine Sprache und Körpersprache dabei, besonders dann, wenn ich unliebsame Aufgaben durchführte. Kinder hören nicht immer auf das, was wir sagen, aber sie sehen und fühlen immer genau wie wir reagieren. Und siehe da, erwischt ... ich verrichtete ungeliebte Aufgaben auch nicht immer, ohne lauthals zu verkünden, dass ich darauf nun gar keine Lust hätte. Auch ist Prokrastination (Aufschieberitis) kein Fremdwort für mich. Somit ist für mich logisch, dass auch meine Kinder gerne mal eine Buchvorstellung oder ein Referat erst kurz vor der Präsentation erstellen (und wieviel Kreativität sie in so kurzer Zeit frei- und sogar umsetzen, erstaunt mich immer wieder). Neben der Unlust, der fehlenden Motivation für aufdiktiertes Lernen und der Über- oder Unterforderung, die einfach auch mal da ist, gab es also noch einen weiteren Faktor, wie meine Kinder mit den schulischen Lerneinheiten umgingen, nämlich den Vater der Kinder und mich als Vorbild. Als mein Sohn drei Jahre alt war, meinte er, er wisse noch nicht, welchen Beruf er mal ergreifen wolle, aber zur Arbeit werde er nie gehen, da müsse sein Papa jeden Tag hin, und das sei schrecklich dort.

Ich bilde mich selbst, so gut es meine Zeit und mein Geldbeutel zulassen, weiter. Ich lese viel. Besuche Seminare und Vorträge. Ich höre zu und schreibe.

Meine Kinder finden es spannend, dass ich völlig freiwillig Schriftstücke schreibe, lieber lese als fernzusehen und dass ich freiwillig und gerne auch als Erwachsene die Schulbank drücke.

Während einige Kinder völlige Ruhe brauchen, um sich zu konzentrieren, braucht ein anderes Kind Musik oder nebenbei Gesellschaft. Kinder müssen hier selbst experimentieren. Mein achtjähriger Sohn, der gerade die vierte Klasse einer bayerischen Grundschule besucht, löst seine Rechenaufgaben gerne, während er lauthals »Freude schöner Götterfunken« in Dauerschleife singt. Wie das funktionieren kann, ist mir schleierhaft, aber er kommt so wunderbar zurecht. Mein 12-jähriger Sohn, der aktuell die 7. Klasse des Gymnasiums besucht, hat für sich entschieden, dass es ihm an den beiden Tagen, an denen ich im Nebengebäude nachmittags die meisten meiner Therapiestunden halte und sich unser Haus in eine Villa Kunterbunt verwandelt, unmöglich ist, zuhause zu lernen und er nun für diese beiden Tage die offene Ganztagsschule nutzen möchte. Wenn er zuhause Hausaufgaben macht, beginnt er nie vor 19 Uhr. Meinen Söhnen hat es sehr gutgetan, dass sie selbst entscheiden konnten, wo und wie sie die für sie passenden Rahmenbedingungen finden können. Mein ältester Sohn löste seine Hausaufgaben im Bett und hat trotzdem einen guten Schulabschluss geschafft, und meine Tochter, die gerade erst ihre Schulkarriere gestartet hat, kann die für sie eintönigen Hausaufgaben nur ertragen, wenn sie nebenbei ein Hörspiel hören darf. Alle meine Kinder sind gute Schüler. Ich habe keinen Grund, ihnen meine Vorstellung von einer strukturierten Hausaufgabensituation aufzudrücken, obwohl ich selbstverständlich einen inneren Kritiker habe, der mir sagt, dass man doch nicht nebenbei Hörspiel hören könne oder singen, dass Hausaufgaben nur am Schreibtisch erledigt werden sollten und dass 19 Uhr für einen Zwölfjährigen keine Hausaufgabenzeit sei. Ich würde es also für mich und meinen inneren Kritiker tun, wenn ich den Kindern den Rahmen vorgäbe. So lange es gut läuft, Schule keine Belastung ist und die Ergebnisse zufriedenstellen, werde ich nicht intervenieren. Hätte ich sie den Raum und den Rahmen nicht selbst wählen lassen, hätten sich evtl. auch Lernschwierigkeiten eingeschlichen.

Es gehört zu unserem Leben und unserer Leistungsgesellschaft, dass von außen Pflichten an uns herangetragen werden, die wir in einem bestimmten Zeitraum erfüllen müssen; dies kann frustrieren – auch uns Erwachsene, besonders dann, wenn wir die Aufgabe als langweilig einstufen oder sie uns überfordert. Erfahren wir Verständnis für unsere Emotionen und werden für unsere Gefühle nicht falsch gemacht, fällt es uns schon gleich viel leichter, die Aufgabe zu erfüllen bzw. uns wenigstens mal heranzuwagen. Genauso geht es auch unseren Kindern. Es ist normal und völlig in Ordnung, wenn ein Kind sich über Hausaufgaben beschwert und diese nicht jeden Tag mit Begeisterung und Feuereifer lösen möchte. Eine wichtige Lektion hierzu lehrte mich meine sechsjährige Tochter. Schluchzend saß sie über ihren Aufgaben. Sie sollte in Schönschrift eine ganze Seite »M« und »m« malen, und dabei war sie, nachdem sie vor

Schuleintritt schon lesen konnte, davon ausgegangen, dass sie sofort Geschichten lesen und schreiben werde. Ich redete auf sie ein. Hatte geballt all die schlauen Sprüche parat, die man in solchen Situationen sagen könnte. Nach einer Weile funkelten mich die kleinen Augen wütend an: »Mama, sehe ich so aus, als wüsste ich nicht, dass es besser für mich ist, das Blatt nun einfach zu bearbeiten. Aber in Ruhe trauern werde ich über diesen Mist ja wohl noch dürfen.« Da war sie, die Lektion, die ich noch zu lernen hatte. Es gibt in mir anscheinend auch irgendwo das Rollenbild einer guten Mutter, die ihre Kinder anspornt, im Hamsterrad des Lebens zu funktionieren. Zum Glück erinnern mich meine Kinder daran, wenn ich vergesse, um was es wirklich geht und welche Werte meinem Inneren entsprechen. Heute frage ich nach, ob ich helfen kann, oder biete an, dass sie sich melden soll, wenn sie denkt, dass meine Unterstützung helfen könnte. Heute frage ich nach, was sie braucht, um mit der Situation zurechtzukommen, und oft ist es gar nicht meine Baustelle, und keiner erwartet von mir, dass ich etwas löse oder auflöse. Es reicht einfach nur, dass ich den Kummer und die Sorge sehe und da bin.

Am Ende bleibt es die Entscheidung des Kindes, ob es für einen schriftlichen Test in der Schule lernt oder nicht, ob es die Hausaufgaben erledigt oder nicht. Selbstverständlich kann man ein Kind über Strafen und Belohnung dazu zwingen, sich an den Schreibtisch zu setzen und einen Hefteintrag immer und immer wieder zu lesen, bis der Schulstoff abgespeichert ist, oder aber wir bringen Kindern gehirngerechtes Lernen bei und helfen ihnen, die Freude am Lernen und etwas, was jedem Menschen in die Wiege gelegt wurde, zu erhalten. Wir können ihnen zeigen, wie man sich selbst motivieren kann und welche Möglichkeiten wir haben, uns selbst zu belohnen.

Kinder sehnen ihren ersten Schultag herbei. Sie tragen die ersten Wochen voller Stolz ihren Schulranzen zur Schule. Es ist m. E. zu einfach, den Verlust der Lernfreude einem verstaubten Schulsystem oder einem pädagogisch unzureichend ausgebildeten Lehrer zuzuschreiben. Manchmal ist es nur die veränderte Stimmung zuhause, die Kinder nach dem Schuleintritt verstört und verängstigt. Bis zum Schulanfang in der ersten Klasse wird ein Kind für jedes Bild überschwänglich gelobt und jeder vor Schuleintritt gelernte Buchstabe und jede richtig gelöste Rechnung löste Begeisterung und Freude bei den Eltern aus. Und nach dem ersten Schultag; plötzlich muss alles genau zwischen zwei Zeilen passen, nicht zu groß und nicht zu klein. Zehn richtige und schön gemalte Buchstaben sind weniger gewichtig als dieser eine krakelige Buchstabe. Kinder erfahren, dass Lernen plötzlich weniger mit Spaß zu tun hat, ja, sogar Angst machen kann. Es wird geschimpft und falsch gemacht, die Integrität verletzt und dem Kind die persönliche Verantwortung fürs Lernen entzogen. Bis zum Schuleintritt vertrauen die meisten Eltern darauf, dass ihr Kind die benötigten Kompetenzen im eigenen Tempo und nach seinen Fähigkeiten zur richtigen Zeit und in einem angemessenen Zeitraum erlernen wird. Ich möchte Sie einladen, weiterhin darauf zu vertrauen, dass das Kind ausreichend Eigenverantwortung und

Eigeninitiative zeigt, wenn es bereit ist, den nächsten Lernschritt zu machen. Dies bedeutet allerdings nicht, dass wir tatenlos allem freien Lauf lassen, sondern wie zu Beginn beschrieben, ein leckeres Lernbuffet richten, Interesse an Fortschritt zeigen und unsere Hilfe anbieten, wenn etwas noch nicht zu gelingen scheint.

Es gibt leider in jeder Klasse Eltern, die sich sofort beschweren, sobald der Lehrer keine oder nur wenig Hausaufgaben aufgegeben hat. Meine Erfahrung hat gezeigt, dass sie dies tun, weil sie glauben, dass Kinder möglichst viele Hausaufgaben brauchen, um in der Schule gut zu sein. Sie tun dies, weil sie geringes Vertrauen in die Lern- und Leistungsbereitschaft ihrer Kinder haben und weil sie zu wenig Strategien kennen, um mit dem Ist-Zustand umzugehen.

Manchmal kommt der Lern- und Leistungs-Druck allerdings von außerhalb des Familiensystems. Einige Lehrer sind der Auffassung, dass Eltern die Verantwortung für Schulsachen und die Vollständigkeit der Hausaufgaben ihrer Kinder tragen. Meine Erfahrung hat gezeigt, dass Lehrer dies meist dann tun, wenn sie selbst sich bisher weniger Gedanken über die Bedeutung von Hausaufgaben und der Sinnhaftigkeit gestellt haben und wenn sie selbst noch nie mit einem Kind, das um seine Eigenverantwortung und seine Autonomie kämpft, Hausaufgaben machen mussten. Vielleicht folgen sie auch einem Glaubenssatz, der besagt, dass man nur mit Druck etwas bei unwilligen Kindern erreichen könne und dass ein bisschen Druck noch keinem geschadet habe. Selbstverständlich können wir versuchen eine im Widerstand geballte Faust mit Gewalt zu öffnen. Wahrscheinlich ist, dass sich beide dabei verletzen werden. Wir als Eltern müssen uns also bewusst entscheiden, wieviel des Drucks, der auf uns mit schulischen Themen lastet, an unsere Kinder weitergegeben werden darf.

Wie ordentlich oder unordentlich eine Hausaufgabe in der Grundschule oder die ersten Jahre auf der weiterführenden Schule erledigt wird, sagt gar nichts über die persönliche oder berufliche Zukunft eines Menschen aus. Wir dürfen also entspannter die Lernkarriere unserer Kinder begleiten.

Druck führt zu negativem Stress. Aus der Stressforschung wissen wir, dass wir in Momenten, in denen wir uns angegriffen fühlen, nur wählen können zwischen Flucht oder Angriff. Wir wissen auch, dass wir in Situationen, die uns Angst machen oder Stress aufkommen lassen, weder Wissen abrufen noch aufnehmen können. Mit einem derartigen Grundgefühl kann kein Mensch lernen. Wir brauchen das Gefühl der Sicherheit und Geborgenheit. Wir brauchen eine Umgebung, in der Fehler als Entwicklungschancen willkommen sind. Zeigen Sie Ihrem Kind, dass mit einer kleinen Umstellung der Buchstaben aus dem Wort Fehler das Wort Helfer wird. Mit einer Haltung »Du schaffst das«, »Du kriegst das hin«, unterstützen wir den Lernenden, in diesem Fall unser Kind, dabei, den Selbstwert durch schulische Misserfolge nicht zu verletzen. Fehler begegnen uns im Leben immer wieder und überall, und es ist für Kinder die bedeutendste Botschaft; du bist du. Und du bist als du, und nur als du, genau gut genug – immer und überall. Schuld und Scham sind für uns in Beziehungen zu anderen und uns selbst die größten Stolpersteine. Schuld und Scham sind zudem Hauptauslöser für gegen sich selbst oder gegen andere gerichtete Gewalt. Innere Stärke und Ausgeglichenheit sind wichtige Grundpfeiler des Lernerfolgs und des persönlichen Wachstums. Das beste Mittel gegen Lernstress ist also ein entspanntes familiäres Umfeld.

Wie Eltern zu entspannten Lernbegleitern werden

Um es für Kinder verständlicher zu machen, was sie schon können und was sie noch erlernen wollen, zeichnet Ben Furman eine Landkarte, auf der ein Land der Schulfähigkeiten zu sehen ist, ein Land der Freundschaftsfähigkeiten und ein Land des Mutes. Das vierte Land heißt Land der Erwachsenenfähigkeiten, in dem alles liegt, was Kinder benötigen, wenn Sie mit Erwachsenen zu tun haben; z. B. zu erkennen, wie kommuniziere ich mit einem Erwachsenen. Auf dieser Karte können die Kinder eintragen, welche Werte und Verhaltensweisen wichtig sind, welche sie bereits beherrschen und welche sinnvoll zu erlernen wären, um sie zu entlasten und entspannter zu sein. Auch wird so schnell klar, welche Fertigkeiten benötige ich für mich selbst, und welche braucht mein Umfeld von mir.

Ich finde diese Idee wunderbar, um auch uns selbst zu verdeutlichen, dass das Kind schon vieles gut beherrscht, und wenn wir diese Landkarte einmal für uns selbst zeichnen, wird schnell deutlich, dass auch wir in einigen Punkten noch Entwicklungspotenzial haben.

Wenn wir in gewissen Situationen regelmäßig destruktive Verhaltensmuster zeigen oder an unserem Gegenüber wahrnehmen, tun wir gut daran, zunächst unser eigenes Verhalten unter die Lupe zu nehmen und neue Wege der Kommunikation oder andere Reaktionen zu wählen. Die Situation und auch das Verhalten unseres Gegenübers wird sich dadurch manchmal umgehend, sicherlich aber mit der Zeit verändern und ein positiveres Miteinander möglich sein. Die israelische Psychologin Avraham-Krehwinkel rät Eltern von Kindern, die »Respektspersonen« beschimpfen und regelmäßig Schrei- und Tobsuchtsanfälle bekommen, zu einem gewaltlosen Widerstand in Form eines Sit-ins oder einer schriftlich formulierten Forderung. Hierzu wird dem Kind ein Schriftstück überreicht, in dem in einem Satz formuliert wurde, was Eltern von ihrem Kind brauchen, und das Kind aufgefordert, innerhalb von einer Stunde Stellung zu beziehen und den Eltern mitzuteilen, wie eine Veränderung der Situation erwirkt werden könnte.

Was Kinder von uns brauchen

Ruhe und Beständigkeit

Ruhe und Beständigkeit braucht ein Kind, um nachhaltig zu lernen. Wenn noch nicht alles funktioniert, dann befinden wir uns eben noch in der Trainingsphase. Wenn noch nicht alles ankommt, was wir sagen und vermitteln wollen, dann müssen wir neue Wege suchen. Kommuniziert wird das, was ankommt, wenn es nicht ankommt, ist es in unserer Verantwortung, neue Wege der Kommunikation zu wählen. Fehlen Ruhe und Beständigkeit, entsteht Stress. Lernstress löst Denkblockaden aus. Somit ist das Gelernte weder abrufbar, noch kann neues Wissen aufgenommen werden, und der Teufelskreis Lernschwierigkeiten wird aktiviert.

Kontakt

Vielleicht haben Sie selbst die Erfahrung schon einmal machen dürfen, dass Sie für das, was in Ihnen noch nicht ausgereift ist, was Sie optimaler für sich selbst und andere gestalten könnten, nicht falsch gemacht und an den Pranger gestellt wurden, sondern Zeit bekommen haben, selbst zu erkennen und zu erarbeiten, welche Gedanken, welche Reaktionen und Verhaltensmuster geeigneter wären. Vielleicht kennen Sie das, dass jemand mit Ihnen trotz eines »Fehlers« in Kontakt bleibt und keine Vorwürfe und Schimpftiraden zwischen Sie und sich stellt. In schwierigeren oder herausfordernden Situationen geraten wir unter Druck, und wir hatten schon gehört, was Druck und Stress bei uns auslösen. Einen wunderschönen Satz hierzu habe ich bei Udo Baer gelesen, der rät, gegen Druck hilft drücken. *»(...) Kinder wollen drücken und gedrückt werden (...).«* Baer schreibt in »Die Weisheit der Kinder« über das Geschenk des sich anlehnen Dürfens *»(...) wenn Kinder sich anlehnen können, dann können sie entspannen. Dann spüren sie Halt und Sicherheit. Dann kann sich Geborgenheit entwickeln. Lehnen sie sich aber ins Leere oder kennen sie lehnen nur als abgelehnt werden, entsteht das Gegenteil: Haltlosigkeit und Unsicherheit.«* Nehmen Sie Ihr Kind in den Arm. Nehmen Sie auch sich selbst in Gedanken in den Arm. Wir können nicht immer perfekt reagieren und immer alles richtig machen. Es reicht schon, wenn wir erkennen und reflektieren, was anders laufen soll. Es ist okay, wenn wir Verantwortung für unser Tun oder Nicht-Tun übernehmen und dem Kind signalisieren, dass wir erkannt haben, dass wir besser und ruhiger reagieren wollen. Es ist eine wunderbare Erfahrung für ein Kind, dass wir in Kontakt bleiben wollen, auch dann, wenn etwas noch nicht so läuft, wie wir uns das wünschen.

Unsere Gelassenheit

Heidemarie Brosche lädt Eltern in ihrem Buch »Warum es nicht so schlimm ist, in der Schule schlecht zu sein«, dazu ein, gelassen zu bleiben. Sie schreibt: *»(...) die Domestikation wilder Tiere und der Anbau von Nahrungsmitteln geschah unter anderem, weil sich die Menschen die Mühen des Jagens und Sammelns ersparen wollten. Die ersten Rechenmaschinen und schließlich der Computer selbst wurden nur deshalb erfunden, weil es Menschen gab, die zu faul waren, selbst zu rechnen. Nicht wenige Erfindungen verdankt die Welt einem Faulpelz. Einem, der es leid war, sich für etwas anzustrengen, was auch mit weniger Einsatz zu erreichen war.«*

Respektvolle und achtsame gewaltfreie Kommunikation

Es kommt weniger darauf an, was wir sagen, als wie wir es sagen. Wo Menschen aufeinandertreffen, da »menschelt« es, da treffen nicht nur Menschen, sondern auch unterschiedliche Bedürfnisse, Wünsche und Glaubenssätze aufeinander. Auch dort, wahrscheinlich sogar in besonderem Maße auch dort, wo viel Einklang und Liebe wohnen, bzw. ein großer Wunsch besteht, in Liebe und Einklang zu leben. Es ist gesund, diese Bedürfnisse zu äußern und für andere sichtbar zu machen. In einem Streit geraten wir ins Gegeneinander. Jedes Familiensystem kann für sich eine gesunde Streitkultur etablieren, in der

Streitgespräche zu Bedürfnis(er)klärungsgesprächen werden und somit Disharmonien einen Nährboden für Entwicklung geben. Wichtig ist, zu erkennen, wann es unserem Gegenüber nicht möglich ist, sich zu ändern oder anzupassen, und wann das Umfeld somit die Umstände verändern muss, damit sich für alle eine Verbesserung der Situation einstellen kann. Beziehung heißt, Konflikte auszuhalten und daran zu wachsen und nicht stets konfliktfrei zu leben.

Ausschließlich Lob oder ausschließlich Kritik zu erfahren, erschwert es uns, uns weiterzuentwickeln. Kinder beginnen zu strahlen, wenn wir erst alle richtig gelösten Aufgaben zählen, bevor wir auf die Aufgabe aufmerksam machen, die es nochmal rechnen sollte, und geben wir nun vielleicht noch Feedback zu der schönen Schrift oder der zügigen, konzentrierten Arbeitsweise, so ist der Fehler in Höchstgeschwindigkeit ausradiert. Kindern, denen es schwerer fällt, schön zu schreiben, oder die nicht so viel Wert darauf legen, kann man auch eine kleine Wette anbieten, wie viele perfekte Buchstaben wohl auf einer Seite zu finden sein werden am Ende der Hausaufgabe. Vielleicht kann man sich ab 30 perfekten Buchstaben gemeinsam ein Eis gönnen. Wichtig ist, dass die Rückmeldung ehrlich ist und mehr positive Elemente enthält. Sollte zu den aktuellen Hausaufgaben kein positives Feedback möglich sein, so bezieht man sich auf die am Tag zuvor gelösten Aufgabenstellungen.

Wenn ich einen Fehler gefunden habe oder einen Verbesserungsvorschlag machen will, so bitte ich zuerst um Erlaubnis bzw. frage, ob das Kind hören möchte, was mir aufgefallen ist. Ich überlasse es dem Kind, ob es den Fehler verbessert oder ob es eine fehlerhafte Hausaufgabe bzw. Arbeitsblatt abgeben möchte. Kinder, die positive Unterstützung beim Lernen erfahren, werden Tipps annehmen und Fehler verbessern. Kinder wollen gute Schüler sein. Kinder wollen lernen.

Vergleichen wir eine Familie mit einem Team, das gemeinsam trainiert. Auch beim Hausaufgabenmachen sind wir ein gemeinsam trainierendes Team, das Erfolge feiern und Spaß haben kann. Ein erfolgsorientiertes Training ist dann möglich, wenn keiner der Teammitglieder den Ball absichtlich ins Aus schießt oder so abspielt, dass eine Ballannahme unmöglich ist. Dies würde dann geschehen, wenn man abwertet oder unkontrollierte Wut walten lässt. Kinder verstehen sehr gut, wenn wir ihnen mittels solcher visualisierter Beispiele erklären, worauf es uns im Miteinander ankommt und dass ein achtsamer und respektvoller Umgang beim Hausaufgabenmachen unser Anliegen ist. Hier hilft z. B. auch ein selbst gebasteltes »Aggro-Stopp-Schild«, dass wir während der Hausaufgaben in unserem Blickfeld haben, um uns zu erinnern, dass wir respektvoll und wertschätzend miteinander umgehen wollen. In unserer Familie hat es sich bewährt, den Geduldsfaden sichtbar werden zu lassen. In herausfordernden Situationen holen wir also einen extrem dicken »Gedulds«-Faden aus der Schublade und legen ihn vor uns auf den Tisch oder tragen ihn in der Hosentasche. Er erinnert uns, dass es nicht um uns und unsere Beziehung oder um uns als Individuum geht, dass wir uns abgrenzen können.

Wir sind mit einer Situation konfrontiert, die uns herausfordert und stresst. Hausaufgaben gehören manchmal zu den lästigen Aufgaben, ein familiäres Drama sollten sie nicht werden.

Akzeptanz

Wir können nur dort helfen und unterstützen, wo Hilfe und Unterstützung willkommen sind. Es ist unsere Aufgabe als Begleiter der Hausaufgabenzeit, eine Atmosphäre zu schaffen, in der unsere Unterstützung willkommen ist. Wir als Erwachsene tragen zu jeder Zeit die Verantwortung für die Beziehung zu unserem Kind. Der Ursprung des Zitates ist mir unbekannt, eine Bildungsweisheit sagt, *»you have to reach them to teach them«*. Wir müssen also für das Kind eine Lernwelt schaffen, in der es sich angenommen und willkommen fühlt, auch dann bzw. besonders dann, wenn schulisches Lernen nicht so leicht von der Hand geht.

Zuversicht

Kinder, die beim schulischen Lernen weniger Erfolge einfahren, brauchen es, dass wir ihnen Mut machen. Gemeinsam das Thema schulisches Lernen, Üben und Hausaufgabenmachen in einer ruhigen Atmosphäre zu bewegen, gemeinsam zu überlegen, welche Möglichkeiten es gibt, das Klassenziel zu erreichen und den Stress beim außerschulischen Lernen zu minimieren bzw. aufzulösen, wird die Beziehung zum Kind festigen. Sicherlich haben Sie und Ihr Kind viele innere Ressourcen, die noch nicht aktiviert wurden. Holen Sie sich zusätzlich Anregungen und Unterstützung.

Zeit und Raum für Entwicklung

Lernen ist ein Prozess, den jeder Mensch nach seinen Fähigkeiten und in seinem eigenen Tempo erlebt. Jeder kennt den Spruch, dass das Gras nun mal nicht schneller wächst, weil man daran zieht, und Kinder werden auch nicht schneller lernen, wenn wir Druck ausüben. Wir dürfen unseren Ängsten und Sorgen über das schulische Vorankommen keinen zu großen Raum geben und Kindern die Verantwortung für das schulische Lernen nicht nehmen. Nachhaltiges Lernen gelingt, wenn Kinder aktiv am Lernprozess beteiligt sind, wenn sie ihren Mut zur Lücke auch einmal ausleben dürfen und an den daraus resultierenden Erfahrungen wachsen und ihr Verhalten anpassen können.

Verständnis für uns selbst

Kinder brauchen unser Vertrauen, Geduld und Ruhe und dass wir die Verantwortung für unsere Gefühlswelt selbst tragen. Wir handeln nach unseren Überzeugungen und unseren Werten. Wir haben eine uns eigene Haltung zu Schule und Hausaufgaben. Wir folgen unseren Glaubenssätzen. Manchmal tun wir gut daran, zu überprüfen, ob die Glaubenssätze und Werte tatsächlich unser Innerstes spiegeln oder ob wir nach von außen aufgedrückten gesellschaftlichen Ansprüchen handeln. Manchmal tun wir auch gut daran, einen Realitätscheck zu machen und zu prüfen, ob unsere Befürchtungen eine Daseinsberechtigung haben. Kinder spüren, wenn es nicht um sie als Mensch geht, sondern um das, »was sein soll« oder einmal »sein könnte«. Wir haben für mich das Golden-Master-Stadium des Menschseins erreicht, wenn wir es schaffen, unseren Mitmenschen wirklich jederzeit im Hier und Jetzt zu begegnen und wert- und urteilsfrei das aufzunehmen, was gerade ist und geschieht. Allzu oft fällen wir Entscheidungen und Urteile, ohne genug Wissen und Einblick in ein Thema zu haben.

Liebe

Unsere Kinder wurden uns anvertraut, und wir dürfen sie auf ihrem Weg durchs Leben ein Stück weit begleiten. Wir dürfen die Welt mit ihren Augen sehen und bekommen so die Möglichkeit, über unseren Tellerrand zu schauen. Wir können für sie ein Heimathafen werden, der sie immer wieder empfängt, mit offenen Armen, so wie sie sind. Wir können ihr Anker sein, der sie hält, besonders dann, wenn es um sie herum stürmisch wird. Die Beziehung zu unseren Kindern ist unabhängig von Leistung, und das sollten wir uns auch von bestehenden gesellschaftlichen Normen und Zielen nicht nehmen lassen. Kinder dürfen nicht aufs Schülersein reduziert werden, damit der Teufelskreis Lernschwierigkeiten nicht angeregt wird.

Liebe beginnt dort, wo wir aufhören, einen Menschen mit allen Mitteln verändern zu wollen, ihn passend zu machen. Das heißt nicht, dass ich blind und taub alles akzeptiere, was von diesem Menschen an mich herangetragen wird oder mir zugemutet wird. Selbstverständlich zeige ich klar und deutlich meine Bedürfnisse, Vorstellungen und Wünsche und lasse mein Gegenüber wissen, wenn ich mit einem Verhalten nicht zurechtkomme. Ich wahre meine Grenzen. Nur wenn ich mich selbst liebe, kann ich lieben. Kinder lernen von uns, wie Liebe zu sich selbst und Liebe in Beziehung funktionieren.

Glaubenssätze, die stärken, und eine innere Stimme, die uns trägt

Es war Luis, ein Junge von ca. 7 Jahren, der mir auf eine Weise, wie man sie anschaulicher nicht hätte gestalten können, zeigte, wie tragend oder hemmend Glaubenssätze sind, die wir von unseren Eltern mitbekommen haben. Ich half beim Plätzchenbacken und Basteln in der Grundschule. Ein Junge, nämlich Luis, wie sich herausstellte, kam auf mich zu und fragte, ob mir schon aufgefallen sei, wie freundlich er wäre. Ich bejahte dies. In der Tat war mir aufgefallen, dass er seine Hilfe anbot, ausgeglichen und freundlich sprach und sofort erkannte, wenn irgendwo etwas zu erledigen war. Luis erklärte mir daraufhin, dass er nämlich ein Superheld sei. Ob ich das auch bereits bemerkt hätte, wollte er wissen. Ich forderte ihn auf, mehr zu erzählen, und Luis sagte: »Weißt Du, als ich auf die Welt kam, da hat meine Mama sofort gesehen, dass ich ein Superheld bin. Der Superheld der Freundlichkeit, und meine Mama hatte Recht. Ich bin tatsächlich der Superheld der Freundlichkeit.« Ich kenne die Mutter nicht und weiß nicht, ob sie das bewusst getan hat und mit der Intention, ihren Sohn so zur Freundlichkeit, Respekt, Wertschätzung und Hilfsbereitschaft zu erziehen. Aktuell ist Luis ein in sich ruhender, freundlicher und hilfsbereiter Junge, und er scheint sich in seinem Superheldenanzug sehr wohlzufühlen.

Zu oft erleben wir es anders. Viele Kinder haben Glaubenssätze, die sie an der Entwicklung ihres Potenzials und einer gesunden fröhlichen Persönlichkeit hemmen. Manche Glaubenssätze halten zu große oder zu kleine Superheldenanzüge für uns bereit, und es ist eine schwere Aufgabe, sich dieser Anzüge wieder zu entledigen. Es gibt sehr viele Kinder, die mir sofort 10 Dinge aufzählen können, in denen sie gar nicht gut seien oder die sie nie können werden, und diese Kinder haben große Schwierigkeiten, mehr als drei Dinge aufzuzählen, die sie gut oder sehr gut beherrschten. Ich hatte auch schon viele Kinder vor mir sitzen, die mir auch nach sehr langem Nachdenken nichts sagen konnten, worin sie gut seien oder was sie besonders mache. Es fällt den Kindern, die zu mir in die Praxis kommen, leicht, mir viele negative Attribute aufzuzählen, die auf sie passen. Sie seien faul, zu langsam, zu dumm, würden zu viel stören, seien unkonzentriert, wären Schuld, dass bestimmte Dinge nicht stattfinden könnten (Vorlesen in der Schule, Ausflüge), wären auch Schuld an schlechter Stimmung und Zorn der Eltern und Lehrer. Sie seien aggressiv und verlogen. Was diese Kinder zuerst brauchen, ist also eine positive Sicht auf sich selbst und das Wissen, dass sie so, wie sie sind, in Ordnung sind, und dass wir an allem, woran sie arbeiten möchten, arbeiten könnten.

Was diesen Kindern fehlt in ihrem Alltag, ist ein Spiegel, der die aktuelle Situation aufgreift und verständlich macht, anstatt das Kind falsch zu machen und in seinem Selbstwert und Selbstbild anzugreifen. Ein Kind, das mit dem Stuhl kippelt und herumhampelt, braucht nicht den Satz: »Hör auf zu stören.« Sondern zunächst Verständnis: »Ich sehe, es fällt dir schwer, ruhig zu sitzen. Wenn du mit dem Stuhl kippelst, könntest du umfallen und dich verletzen. Was könntest du tun, damit es dir leichter fällt, ruhig auf deinem Stuhl zu sitzen?«

Was diesen Kindern fehlt, ist ein Mensch, der daran glaubt, dass sie sich entwickeln und wachsen können, wenn man ihnen den richtigen Nährboden dazu bietet. Für mich ist das Zitat Ginotts zu einem der wichtigsten Leitsätze meiner Arbeit und meines Lebens mit meinen eigenen Kindern geworden: Behandle ein Kind stets so, als wäre es schon die Person, zu der es sich entwickeln kann.

Ben Furman (vgl. Ich schaffs!) gibt zu bedenken, *»(...) dass es für Kinder sehr schwer ist, schlechte Angewohnheiten aufzugeben, wenn sie keine neue Angewohnheit haben, mit der sie die schlechten Angewohnheiten ersetzen können.«* Die Frage, die also mit einem »(...) hör auf, xy zu machen«, beantwortet werden sollte, ist: Was kann ich stattdessen machen? Was wäre eine bessere Strategie? Ben Furman nennt das von einer »Lass das!«-Aussage zur »Tu das stattdessen«-Aussage zu kommen.

Es gibt allerdings auch Kinder, die das nötige Fundament nicht besitzen, um mit den schulischen Anforderungen mitzuhalten. Da helfen weder »Lass das«- noch »Tu das stattdessen«-Aussagen. Diese Kinder brauchen fundierte Hilfestellung. Eine starke Überforderung, entweder aufgrund erheblicher Lücken im

Lernstoff oder mangels kognitiver Fähigkeiten, die zur Bewältigung der Aufgabe nötig wären, belastet Kinder oftmals schwer.

Lernschwächen und Störungen erkennen

Der Bereich der Lerntherapie ist im Wandel. Es gibt verschiedene Ausbildungsmöglichkeiten und ein immer größeres Interesse an diesem Gebiet. Als ich meine Ausbildung zur Lerntherapeutin absolvierte, gab es noch wenige Anbieter für lerntherapeutische Materialien, und vieles musste ich mir selbst erfinden, basteln oder ausdenken. Mit vielen Bereichen der Lerntherapie konnte kaum jemand etwas anfangen, und viele verstanden darunter etwas völlig anderes, als das, was Lerntherapie tatsächlich leistet. Obwohl sich schon viel getan hat, ist es dennoch so, dass viele Kinder nicht die Hilfe erfahren, die sie bräuchten, um mit ihrem Umfeld verbunden zu bleiben und dennoch autonom und eigenverantwortlich ihren persönlichen Ressourcenschatz zu heben und ihr Potenzial auszuschöpfen und zu entfalten.

Hellhörig sollten Eltern dann werden, wenn das tägliche Üben keine Erfolge zeigt und die Auffassungsgabe und die kognitiven Fähigkeiten nicht den zu erwartenden schulischen Erfolg bringen.

»Lernstörungen selbst sind keine Krankheiten, sie können aber krank machen oder durch frühere Krankheiten ausgelöst werden. In der Regel führen Lernstörungen zu Beeinträchtigungen des Wohlbefindens, und zwar vor allem durch die bestehende Angst und durch

den sozialen Druck, unter dem der betroffene Schüler leidet.« (vgl. Betz/Breuninger, Teufelskreis Lernstörungen)

Die im Nachgang beschriebenen Vorgehensweisen eignen sich auch für Kinder mit Teilleistungsstörungen wie einer unzureichenden Aufmerksamkeit und Konzentration, Lese-Rechtschreibschwäche bzw. -störung oder Rechenschwäche bzw. -störung. Diese Kinder benötigen zusätzlich spezielles Training, das auf die jeweiligen individuellen Bedürfnisse eingeht. Diese Kinder wollen genau wie alle anderen ihre Hausaufgaben ordentlich und fehlerfrei abgeben. Es fehlt allerdings das Fundament, um mit den gestellten Anforderungen zurechtzukommen. Dieses Gefühl der Überforderung ist selbstverständlich gravierender als bei einem Schüler, der nur noch eine weitere Erklärung braucht, um den Lernstoff zu verinnerlichen. Es ist ein Geschenk für Kinder, dass sie heute die Möglichkeit haben, an ihren Rechen-, Schreib-, und Leseschwächen bzw. -störungen mit einem breit gefächerten Angebot an speziellem lerntherapeutischen Material zu arbeiten. Besonders dann, wenn sich Teilleistungsstörungen bereits fächerübergreifend bemerkbar machen und das Selbstwertgefühl der Kinder unnötig leidet und die Schullaufbahn nicht den allgemeinen Fähigkeiten des Kindes entspricht und es so aufgrund des fehlenden Fundaments weit hinter seinen Möglichkeiten zurückbleibt.

Betz, Breuninger beschreiben die Teufelskreise, die sich z. B. beim Schriftspracherwerb bilden können, wenn das Kind keine optimalen Lernbedingungen vorfindet. »*Die Versuche des Kindes, sich Beachtung und Anerkennung zu erstreiten, werden mit Ablehnung und ›erzieherischen Maßnahmen‹ beantwortet, also damit, die Anerkennung noch in verstärktem Maße vorzuenthalten. Dies führt zu sozialen Auffälligkeiten. Der Kreis ist geschlossen. Die Lücken, die sich bilden, sind Misserfolge, die eine Erniedrigung bedeuten. Sie ziehen Angst, vor allem aber Vermeidungsreaktionen nach sich. Das Kind versucht, sich um Lesen und Schreiben zu drücken. Damit ist auch dieser Kreis geschlossen. Es entstehen weitere Lücken, die Erklärungsversuche des Kindes von der Art ›ich will gar nicht lesen‹ oder ›ich bin unkonzentriert‹ tun ihr übriges. Die Misserfolge können nicht durch Leistung ausgeglichen werden, weil das Kind sich keine Erfolge mehr zutraut.*«

Es ist schön, zu erleben, wenn Kinder sich wieder für ein schulisches Thema öffnen. Es ist schön, zu erleben, wenn Kinder plötzlich Zugang zu Büchern finden und so ihr Wissen, ihr Sprachgefühl, ihre Phantasie und ihren Geist erweitern können. Wenn sie das erste Mal einen Brief schreiben, den der Empfänger auch lesen kann. Es ist schön, wenn sie ihren Platz in der Gemeinschaft finden und nicht mehr über Auffälligkeiten definiert werden. Es ist schön, wenn sie keine Angst mehr davor haben müssen, etwas im Supermarkt zu kaufen und eine Packung Gummibärchen ohne Schwierigkeiten unter Freunden aufteilen können, weil Zahlen plötzlich nicht mehr abstrakt sind. Es ist schön, wenn sie auf einem Gebiet, das so viel Platz im Alltag findet, nicht mehr diejenigen sein müssen, die das nicht beherrschen und mit etwas nicht klarzukommen scheinen, dass vielen keine Schwierigkeiten zu bereiten scheint.

Bei rechtzeitiger und fundierter Unterstützung stehen auch einem Kind mit Teilleistungsschwächen bzw. -störungen alle Wege offen. Kein Kind muss alles schaffen und alles können. Kein Kind kann alles schaffen und alles können. Und kein Kind sollte hinter seinen Möglichkeiten zurückbleiben.

Teilleistungsstörungen sagen nichts über die Auffassungsgabe oder die Intelligenz eines Menschen aus, und dennoch bleibt das Kind, ohne professionelle Förderung, weit hinter seinen Möglichkeiten zurück. Zusätzliches häusliches Üben, wie es bei den meisten Kindern ohne Teilleistungsstörungen Erfolge bringt, wird bei einem von Lese-Rechtschreibschwäche oder Rechenschwäche betroffenen Kind keine Verbesserung der schulischen Leistungen bringen. Spezielle Angebote zur Förderung bietet die Lerntherapie. Lerntherapie macht Kindern Spaß, da sie in ihrer Gesamtpersönlichkeit gestärkt werden, die Zeitinvestitionen endlich auch Früchte tragen und die Eltern-Kind-Beziehung entlastet wird.

Wenden Sie sich also in jedem Fall an einen Schulpsychologen, Kinderarzt, Kinder- und Jugendpsychiater oder Lerntherapeuten, wenn Sie eine Teilleistungsstörung bei Ihrem Kind vermuten, damit auch Ihr Kind nach seinen Möglichkeiten und Fähigkeiten lernen darf und Ihr Kind in altersgerechter Form erfahren darf, woran es lag, dass es bisher weniger gut schreiben und rechnen konnte.

Aus der Schatzkiste der Selbstfürsorge und Achtsamkeit

Für mich selbst, meine Kinder und für Familien, mit denen ich in der Vergangenheit aus beruflichen Gründen ein Stück ihres Lebensweges gehen durfte, hat sich bewährt, die gewünschten Veränderungen von Verhaltensweisen oder neuen Regeln über Erinnerungshilfen mittels Zeichnungen oder umfunktionierten Alltagsgegenständen zu verankern. Sie helfen uns, die Situation aufzulockern, Dampf abzulassen, ruhig zu bleiben, und vor allem helfen sie uns dabei, zu erkennen, dass es hier um eine Situation geht, die wir nicht zwischen uns kommen lassen wollen.

Rote und gelbe Karten und Stopp-Schilder
Nachdem man sich auf neue Verhaltensweisen geeinigt hat und weiß, was man in Zukunft anders machen möchte, helfen auch ganz einfach Stopp-Schilder, die wir uns gegenseitig zeigen können, wenn das Verhalten, das wir alle nicht mehr zeigen wollten, doch wieder mal aus alter Gewohnheit die Führung übernehmen möchte.

Der Geduldsfaden
Eine schöne Idee finde ich, den passenden Geduldsfaden fürs Hausaufgabenmachen bereitzulegen. Es macht den Kindern sehr viel Spaß und fördert ihr Verständnis für sich selbst und verschiedene alltägliche Situationen, wenn sie sich den jeweils passenden Geduldsfaden bereitlegen. Und auch wir als Eltern können so signalisieren, dass es uns um diese jeweilige Situation geht und nicht um das Kind.

Zaubertränke, Zaubersalz und Zauberstein

Kinder lieben Geschichten, und sie lieben Magie. Manchmal hilft es, die Hausaufgabensituation mit etwas Zaubersalz zu würzen oder extra viel Geduld mit der Geduldsmühle für die Hausaufgabe zu mahlen. Vielleicht hilft es auch, vor den Hausaufgaben eine Gummibärchen-Zauberkröte zu verschlucken, die uns Ruhe für monotone Routineaufgaben verleiht.

Es gibt viele Menschen, die von verblüffenden Wirkungen von Mineralien, Steinen und Kristallen erzählen. So schwören heute viele Eltern auf die heilsamen Kräfte von Bernstein beim Durchbruch der ersten Zähnchen. Suchen Sie doch mit Ihrem Kind auch nach einem passenden Zauberstein fürs Hausaufgaben machen.

Der Hug-Button

Sollte es beim Hausaufgabenmachen immer wieder zu offenen Konflikten und überschäumenden Emotionen kommen, so finde ich bei Grundschulkindern den sogenannten Hug-Button auf der Handfläche des Kindes und des Vaters bzw. der Mutter, die die Hausaufgaben begleiten wollen, eine wunderbare Gedächtnisstütze, um bei sich und im Hier und Jetzt zu bleiben und das Wichtigste nicht aus den Augen zu verlieren; unsere Kinder sind nicht unsere Projekte.

Der »Hug-Button« ist also eine Erinnerung daran. Dieser wird auf beide Handflächen, eine des Kindes und eine der Mutter oder des Vaters, in Form eines Herzens gemalt. Droht die Stimmung nun zu kippen, so wird der Herzbutton durch drücken, oder manche bevorzugen das Aufeinanderlegen der Herzen, aktiviert, und in dem Moment ändert sich die destruktive Situation, und neue Reaktions- und Verhaltensmöglichkeiten tun sich auf, weil wir uns daran erinnern, was uns wichtig ist und worauf wir uns eigentlich geeinigt hatten.

Nachdem uns der Hug-Button wieder auf den Boden der Tatsachen gebracht hat, können wir uns wieder an Udo Baer erinnern, der rät, bei Druck helfe drücken und sich anlehnen dürfen. Anstatt zu streiten, nehmen sie sich einfach in den Arm. Nicht jeder kann in einer konfliktgeladenen Atmosphäre Körperkontakt ertragen, dann reicht es auch, den Hug-Button zu drücken.

Teufelskreismodell

Kinder verstehen im Übrigen auch das Teufelskreismodell sehr gut und sind aufgeschlossen, diese negativen Verhaltensmuster, die zu einem Teufelskreis werden, zu durchbrechen. Zeichnen Sie den Teufelskreis, der beim Hausaufgabenmachen entsteht, auf und finden Sie gemeinsam den Punkt heraus, an dem sich etwas ändern muss. Sprechen Sie offen mit Ihrem Kind, wie Sie die Hausaufgabensituation erleben. Bleiben Sie ruhig. Das Kind bekommt so Zugang zu seinen Gefühlen, lernt diese zu benennen und im Bedarfsfall auch besser zu kontrollieren und anzupassen.

Gefühlskarten

Sollten Kinder darin noch nicht geübt sein, eigene Gefühle und Gefühle anderer zu verstehen, so können Sie dies auch über Gefühlskarten, die unter diesem Namen auch im Handel erhältlich sind, anstoßen. Vielleicht sind Sie als Eltern auch sehr erstaunt, wenn Sie erfahren, welche Gefühle das Kind beim Hausaufgabenmachen hat und wie es Ihre Unterstützung und Ihre Gefühlswelt beim Hausaufgabenmachen wahrnimmt.

Hausaufgabenvertrag

Setzen Sie einen Hausaufgabenvertrag auf, der die Punkte enthält, auf die Sie achten möchten. Diese Vereinbarung wird von allen Beteiligten unterzeichnet. Ich finde in solchen Fällen auch sehr gut, wenn es für die Einhaltung der gemeinsam vereinbarten Regeln eine Familienbelohnung gibt. Hierzu eignet sich ein leeres Einmachglas, das zum Belohnungsglas umgestaltet wird. Auf das Belohnungsglas kommt ein Aufkleber mit der gemeinsam überlegten Belohnung für die gesamte Familie. Wenn sich das Kind und der Lernbegleiter an die selbstformulierten Regeln gehalten haben, kommen zwei Wattekügelchen in das Glas, hat sich nur einer der beiden an die Vereinbarung gehalten, so kommt nur ein Kügelchen ins Glas. Verhaltensmuster zu durchbrechen und Veränderungen in den Alltag einzubringen, ist nicht immer leicht, deshalb haben sich alle, die an der Optimierung beteiligt sind, eine gemeinsame Belohnung verdient.

Externe Ressourcen

Sollte es einem Kind noch schwerfallen, Erklärungen zum Schulstoff oder Lerntechniken von den Eltern anzunehmen, so bieten sich Lernvideos auf z. B. sofatutor an. Gute Erfahrungen machen Eltern und Kinder auch, wenn sich Schüler aus der Klasse bereit erklären, als Lernhotline oder Tutor zu fungieren. Kinder, die mit den Hausaufgaben nicht zurechtkommen, können sich bei diesen Schülern melden und bekommen die Hausaufgabe so noch einmal erklärt. Vielleicht kann der Lehrer auch bei Vergabe der Hausaufgabe nochmals in die Klasse fragen, wer sich heute als Lernhotline zur Verfügung stellen würde, und die Kinder, die sich melden, können zu dem Thema angerufen werden. So bleibt das Zuhause der Lern- und Hausaufgabenort, aber die Erklärung der Hausaufgabe übernimmt eine außenstehende Person, und vor allem wird das Kind selbst aktiv, um die Aufgabe zu lösen.

Hausaufgaben outsourcen?

Immer wieder hört man, dass Eltern die Hausaufgabenbetreuung außer Haus geben sollten, wenn es bei den Hausaufgaben Streit gibt. So geben Eltern ihre Kinder aufgrund solcher Ratschläge in eine Nachmittagsbetreuung wie den Hort oder schalten ein Nachhilfeinstitut ein, wo Kinder täglich ihre Hausaufgaben erledigen sollen, obwohl deren Eltern nicht berufstätig sind und die Kinder daheim betreut werden könnten. Menschen, die solche oder ähnliche Ratschläge geben, tun dies, weil dies ihre eigenen bisher erfahrenen Grenzen sind, und es geschieht schnell, dass wir unsere Erfahrungen und Meinungen als die einzig gültige Wahrheit und die für alle geltenden Grenzen verstehen. Bevor Eltern den drastischen Schritt wagen, aufzugeben, freue ich mich, wenn Eltern und Kinder zuerst Tipps bekommen, wie man gemeinsam an der Aufgabe wachsen kann. Es wird Eltern sogar vorgeschlagen, Kinder doch untereinander für die Hausaufgabenzeit zu tauschen. Dies sehe ich als besonders schwierig, da die kleinen Frust- und Wutbällchen, die sich im Laufe der Hausaufgabenbzw. Lernzeit höchstwahrscheinlich weiterhin in der Magengegend des Kindes ansammeln, noch immer kein geeignetes Ventil bekommen. Auslöser ist ja eher selten eine völlig gestörte Eltern-Kind-Beziehung, sondern eine Über- oder Unterforderung mit dem Lernstoff und die fehlende Motivation, eine als sinnlos oder nicht zu bewältigende Aufgabe eingestufte Arbeit zu erledigen. Sollte es sich tatsächlich um ein oppositionelles Verhalten des Kindes gegenüber den

Eltern handeln und nicht wirklich um die Hausaufgabe gehen, so ist den Eltern auch besser geraten, hier genau hinzuschauen, als das Kind mit der Hausaufgabe in die Hände Dritter zu geben. Das Kind soll über das Auslagern der Hausaufgabenzeit also gehorsam und pflichtbewusst die Aufgabe erfüllen, obwohl es ein deutliches Signal gegeben hat, dass es die aufdiktierten Hausaufgaben nicht erledigen kann oder will. Was passiert mit dem Frust und der Wut, die ich habe und nicht herauslassen darf? Wenn wir Kinder mit ihren Hausaufgaben auslagern und die Verantwortung anderen Menschen aufbürden, knüpfen wir dann Liebe nicht an Bedingung? Zu lieben heißt, ich akzeptiere und respektiere dich und deine Gefühle. Ich bleibe da und halte es aus. Abstand suche ich überhaupt erst dann, wenn wir versucht haben, die Situation so zu verändern, dass es für alle akzeptabel ist, und es uns trotz verschiedener Wege nicht gelingt. Liebe heißt, ich biete dir Wege und Möglichkeiten, neue Reaktions- und Verhaltensmuster kennenzulernen und auszuprobieren, und auch ich möchte lernen und die Dynamik verstehen, die sich beim Hausaufgabenmachen zu verselbstständigen scheint. Liebe heißt, dass ich dir meine Gefühle und mein Denken offenlege – wertfrei und ehrlich – und das mit einer Bitte verbinde, dort zuzugreifen, wo du es mit deiner Welt vereinbaren kannst, und dass du mir erklärst, wie du dir ein Miteinander vorstellen kannst. Zu lieben heißt, du bleibst du und ich schätze dich dafür, dass du du bleibst. Für mich wird Liebe nicht dort sichtbar, wo man es schafft, als Herde im Einklang zu laufen, sondern dort, wo sich Individuen trauen, Individuen zu sein. Je mehr ich in einer Gemeinschaft die Erfahrung mache, ich sein zu dürfen und dass meine Bedürfnisse gesehen und gehört werden, desto ruhiger werde ich sein, wenn ich Widerstand einsetzen muss, um mir selbst treu bleiben zu können. Es wird uns nicht immer und täglich gelingen, so miteinander umzugehen. Wichtig ist, dass es unser Ziel ist, das immer öfter zu schaffen.

Ich glaube nicht, dass es nötig ist, die Hausaufgabenbetreuung um des Friedens willen auszulagern. Es sei denn, es ist der ausdrückliche Wunsch des Kindes, die Hausaufgaben in einer Ganztagsbetreuung, oder mit einer fremden Person erledigen zu wollen, oder Eltern stoßen so sehr an ihre persönlichen Grenzen, dass die Beziehung zum Kind in Gefahr ist. Eltern können es schaffen, ihre Kinder Hausaufgaben machen zu lassen und diese gelassener zu betreuen. Bis zum Schuleintritt lernt das Kind so vieles in Eigenverantwortung. Es kann auch für seine Schulkarriere die Verantwortung selbst tragen, wenn es ein gutes Unterstützerteam hat. Lehrern wird mangelnde Beziehung und wenig Verständnis für Kinder vorgeworfen und dass sie Kinder mit dem Lernen im Regen stehen lassen, in diesem maroden, veralteten Schulsystem. Ist es dann nicht umso wichtiger, dass Eltern sich dem Thema Hausaufgaben und außerschulischem Lernen stellen? Wenn Eltern von der Hausaufgabensituation genervt sind, ist das nachvollziehbar und auch ein gesunder Impuls, und dann können sie genau das sagen, allerdings ohne ihr Kind falsch zu machen. Ihr Kind spiegelt genau Ihr Gefühl wieder. Hausaufgaben stressen. Hausaufgaben tun unserer Beziehung nicht gut.

Bevor wir also das Kind mit der Hausaufgabe auslagern, können wir uns umhören und umschauen, ob wir in unserem eigenen kleinen System oder in unserem Schulsystem etwas bewegen und anstoßen können, was unsere Kinder und uns selbst entlasten würde. Kinder übernehmen zunächst unsere Sicht aufs Leben und Menschsein. Wie schön, wenn sie erleben dürfen, dass wir den Fortschritten und Entwicklungsmöglichkeiten mehr Gewicht geben als dem Bereich, der noch nicht optimal läuft.

Vor Beginn der Hausaufgaben

Vor Beginn der Hausaufgaben sollte geklärt werden, ob die Rahmenbedingungen für eine frustfreie Erledigung der Hausaufgaben gegeben sind. Die Fähigkeit, die Aufmerksamkeit zu fokussieren und gänzlich auf eine Aufgabe zu richten, hängt von mehreren Faktoren ab:

Intrinsische Motivation

Wie sehr interessiert mich, was ich erledigen soll? Wie wichtig ist es mir persönlich, diese Aufgabe zu erfüllen?

Extrinsische Motivation

Was erwartet mich, wenn ich diese Aufgabe erledige? Welche Konsequenzen hat es, wenn ich die Hausaufgabe nicht mache?

Kompetenz/kognitive Strategien

Wie gut komme ich mit dem Lernstoff allein zurecht? Weiß ich, wie ich strukturiert an die gestellte Aufgabe herangehen muss?

Psychische Verfassung

Fühle ich mich wohl? Trage ich noch ungeklärte Themen mit mir herum? Verbinde ich Lernen mit einem guten Gefühl?

Physische Verfassung

Habe ich Hunger, oder habe ich Durst? Habe ich gerade erst gegessen, und bin zu voll und schlapp? Brauche ich Bewegung? Bin ich müde oder fit?

Umgebung

Eignet sich der Lernort, um effizient zu arbeiten? Befinde ich mich an einem Wohlfühlort?

Biorhythmus

Gehöre ich zu dem Großteil der Bevölkerung, der am besten zwischen 9 und 12 Uhr und zwischen 14 und 17 Uhr lernt, oder fällt es mir leichter, die Hausaufgaben erst nach 18 Uhr zu machen, nachdem ich mich ausgepowert und mit Freunden getroffen habe?

Und diese Fragen sollte nicht nur das Kind für sich beantworten, sondern auch die Person, die das Lernen begleiten möchte. Auch Sie können ruhiger, entspannter und unterstützender wirken, wenn Sie vor Beginn der Arbeitszeit die o. g. Faktoren für sich selbst durchgegangen sind. Der jetzigen Elterngeneration fehlt es an Vorbildern, Kindern gleichwertig und offen zu begegnen, und gerade dann, wenn wir uns hilflos fühlen, wie es viele Eltern beim außerschulischen Lernen und dem Begleiten von Hausaufgaben empfinden, rutschen wir in Verhaltensmuster, die uns aus unserer Kindheit bekannt sind. Vieles wurde in meinem Leben leichter, als ich erkannte, dass es selten die Situation war, die mich überforderte, sondern vielmehr die Gedanken, Glaubenssätze und Spekulationen, die sich aufgrund einer Situation ergaben, mich überforderten und stressten.

Weitere Fragen, die Lernbegleiter für sich beantworten sollten:

Begegne ich dem Kind mit Akzeptanz und wertfrei, oder übe ich Druck aus, indem ich abwerte über Aussagen wie: »(...) Hast du das noch immer nicht verstanden?«, »Du gehörst nochmal in die 1. Klasse!«, »Bist du so dumm?«, »Kannst du dir das denn nicht einfach mal merken?«, »Wie oft muss ich das denn noch erklären?«, »Alle anderen schaffen das doch auch!« ...

Ermutige ich das Kind zum Lernen, oder entmutige ich durch unüberlegte Aussagen?

Wie sind meine eigene Einstellung und Haltung zu diesem Schulfach? Welches Gefühl ruft dieses Fach bei mir hervor?

Habe ich Vertrauen in die Entwicklung meines Kindes? Ist meine Einstellung eher optimistisch?

Habe ich Geduld, und reagiere ich auf den IST-Zustand gelassen? Ja, gerade läuft es noch nicht so, wie es soll. Gemeinsam lässt sich allerdings etwas ändern. Zeitdruck und Hetze hemmen eine Veränderung. Kinder brauchen unsere Zuversicht. Vielen Schülern ist es schon gelungen, ihr Arbeitsverhalten zu optimieren und ihre schulischen Leistungen zu verbessern.

Macht es mir Spaß, mit meinem Kind zu lernen, oder empfinde ich das als Stress und fühle mich unter Druck? Was verursacht den Stress? Was verbinde ich mit der Lernbegleitung und der daraus resultierenden bzw. in der Schule gezeigten Leistung meines Kindes?

Beginn der Hausaufgaben

Nur in einem gut gelüfteten Raum können wir effizient Denkarbeit erledigen. Bei einem sehr geringen Anteil an unserem Gesamtkörpergewicht (ca. 2–3 %) verbraucht unser Gehirn allerdings in etwa 20 % der uns zur Verfügung stehenden Energie. In belastenden oder stressigen Situationen ist der Energiebedarf sogar noch höher. Energie bekommt es aus Sauerstoff und Glukose. Damit das Gehirn die nötigen Grundfunktionen aufrecht halten kann, bleibt ihm bei Energiemangel nichts anderes übrig, als das bewusste bzw. logische Denken herunterzufahren. Wir Menschen bestehen zu zwei Dritteln aus Wasser, somit ist eine gute Flüssigkeitsversorgung (keine zuckerhaltigen Getränke) essenziell. Flüssigkeitsmangel verschlechtert die Leistung unserer Synapsen im Gehirn, die für die Weiterleitung und Abspeicherung von Wissen zuständig sind. Sobald sich Müdigkeit und Konzentrationsprobleme beim Lernen zeigen, sollte umgehend etwas getrunken werden und der Raum gut durchgelüftet werden.

Vor den Hausaufgaben tut vielen Kindern Bewegung gut; Seilspringen, nochmal zum Lieblingssong wild tanzen oder BrainGym-Übungen ... o. ä.. BrainGym eignet sich auch sehr gut für Lern-Bewegungs-Pausen. Es gibt viel Literatur zu BrainGym, und auch im Internet findet man schnell lustige, abwechslungsreiche Übungen.

Zunächst sollte das Kind selbst nach Konzentrationsverhinderungsmonstern Ausschau halten (ablenkende Gedanken, spielende oder lärmende Geschwister, Unordnung, Geräusche). Wichtig ist, was den einen stört beim Lernen, mag für den anderen vielleicht sogar hilfreich und fördernd sein. Wenn belastende Gedanken nicht sofort über Gespräche zu klären sind, so hilft es schon, diese auf einem Stück Papier zu notieren und bis zur Beendigung der Hausaufgaben beiseite zu legen oder in einem Kummerkasten wegzusperren. Besonders für Mädchen in der Pubertät sind Kummer und Sorge ein Hausaufgabenhemmer. Nach den Hausaufgaben wird der Kummerkasten geleert, und man kann sich des bestehenden Kummers oder störenden Gedankens wieder annehmen. Nachdem die Konzentrationsverhinderungsmonster gezähmt wurden, kann es losgehen!

Eltern können in räumlicher Nähe bleiben, während der Hausaufgaben allerdings nicht neben dem Kind sitzen bleiben. Es sei denn, sie widmen sich auch einer eigenen Aufgabe und sind nicht voll auf das Kind konzentriert. Unter diesen Umständen kann es das Kind auch darin bestärken, an seinen Aufgaben konzentriert zu arbeiten.

Nachdem der Arbeitsplatz aufgeräumt wurde, holt das Kind zunächst das Hausaufgabenheft hervor. Zeigen Sie Ihrem Kind, dass Sie ein gut geführtes Hausaufgabenheft befürworten. Es gehört für mich allerdings nicht zu den Dingen, für die es sich lohnt, in eine Diskussion zu treten. Mein achtjähriger Sohn schreibt nur Probentermine in sein Hausaufgabenheft und notiert Hausaufgaben nie. Er hat eine für sich und somit auch für mich plausible Begründung. Er meinte, in der ersten und zweiten Klasse führten sie kein Hausaufgabenheft und es hieß seitens der Lehrkraft, die Schüler sollten sich die Aufgaben merken. Mein Sohn meint, nun in der 4. Klasse, mit einer deutlich besseren Merkfähigkeit, werde er nicht plötzlich anfangen, ein Hausaufgabenheft zu führen, nur weil der neue Lehrer glaubt, dass er es sich nicht merken könne.

Und auch, wenn ich schon gesagt bekam, dass gerade ich als Lerntherapeutin doch wissen müsse, dass das Führen des Hausaufgabenheftes wichtig sei, werde ich diesen Druck nicht an meinen Sohn weitergeben. Er hat eine gute Begründung, und das ist für mich das entscheidende Argument, und solange er mit seinem Vorgehen auch erfolgreich ist, werde ich nicht intervenieren.

Es ist die Aufgabe des Kindes, alle Unterlagen und Utensilien, die es zur Erledigung der Hausaufgabe braucht, am Arbeitsplatz vorzubereiten.

Das Kind beginnt nun mit der Bearbeitung der Aufgaben. Erstellen Sie mit Ihrem Kind am besten kleine Aufgabenkärtchen mit Stichpunkten oder kleinen Zeichnungen, die die strukturierte Vorgehensweise symbolisieren, so dass Ihr Kind stets den einzelnen Handlungsschritten folgen kann.

- Check: Bin ich schon bereit? Bewegung, Durst ...

- Hausaufgabenplatz vorbereiten

- Hausaufgabenheft holen (falls eines geführt wird)

- Utensilien vorbereiten

- Pause planen

- Time Timer bis zur Pause stellen

- Zuerst das Blatt beschriften, dann einmal komplett lesen

- Aufgabe für Aufgabe bearbeiten nach dem Gecko-Prinzip (Erklärung folgt)

Zuerst beschriftet das Kind das Arbeitsblatt mit Namen und Datum bzw. schreibt das Datum in das Heft, ebenso wie die Seitenzahl im Buch und die Nummer der zu bearbeitenden Aufgabe und die Überschrift.

Bevor das Kind nun weiterarbeitet, liest es die Aufgabenstellung bzw. das Arbeitsblatt einmal komplett durch. Nun deckt das Kind alle Aufgaben, an denen es nicht arbeitet, ab, so dass der Fokus völlig auf der einen Aufgabe liegt. Dies ist besonders dann empfehlenswert, wenn das Kind gerne eine Aufgabe übersieht oder es sich von der Menge der Aufgaben auf einer Seite »erschlagen« fühlt und immer wieder zu einer anderen Aufgabe springt.

Jetzt überlegt das Kind mittels der Gecko-Strategie (Erklärung folgt), ob es die Aufgabe verstanden hat und einen Lösungsansatz kennt. Sollte es des Öfteren vorkommen, dass Ihr Kind noch an der Lösung vorbei arbeitet, so können Sie vereinbaren, dass Sie nun, nachdem das Kind sich selbst eine Lösung überlegt hat, dazukommen und sich den Lösungsweg Ihres Kindes anhören. Sollte Ihr Kind hier eine Erklärung benötigen, versuchen Sie zunächst, Ihr Kind daran zu erinnern, dass es in der Schule sicherlich eine ähnliche Aufgabe bereits gelöst hat, bzw. der Lehrer die Hausaufgabe besprochen hat. Fragen Sie, ob es einen Merkeintrag zu diesem Thema gibt. Gut wäre, wenn Ihr Kind sich mittels solcher Hilfestellungen die Aufgabe doch selbst erarbeiten kann. Sollte das Kind dennoch auf keine Lösung kommen, erklären Sie ihm die Aufgabe.

Erklären Sie allerdings nur so viel, wie Ihr Kind braucht, um die Aufgabe zu Ende zu denken. Helfen Sie ihm, Schlüsselwörter in der Aufgabe zu erkennen, erinnern Sie Ihr Kind an visuelle Stützen in Form von kleinen Skizzen oder Zeichnungen. Formulieren Sie eine ähnliche Aufgabe, die Sie für Ihr Kind lösen und überlassen Sie Ihrem Kind im Anschluss die Lösung der gestellten Hausaufgabe wieder selbst.

Die Gecko-Strategie

Um das genaue Lesen und strukturierte Vorgehen beim Bearbeiten einer Aufgabenstellung verinnerlichen zu können, gestalte ich mit meinen Schülern ein Gecko-Merkblatt. Die Gecko-Strategie wurde von Schülern entwickelt, die selbst Probleme hatten, komplexere Aufgabenstellungen zu verstehen und wichtige Schlüsselwörter herauszufiltern.

Hierzu zeichnen wir einen Gecko auf ein Tonpapier, welches die Lieblingsfarbe des Schülers hat. Das Kind gestaltet den Gecko zunächst nach eigenem Wunsch. An den linken Rand des Papiers schreibt der Schüler nun waagrecht das Wort Gecko, so dass ein Akrostichon erstellt werden kann. Nun ergänzt das Kind die einzelnen Arbeitsschritte.

Schritt 1:

G wie Geduld

Ich schreibe nicht sofort drauflos.

Schritt 2:

E wie erst ganz genau lesen

Ich lese die Aufgabenstellung ganz genau und markiere Schlüsselwörter.

Schritt 3:

C wie check

Wenn ich die Aufgabe mit eigenen Worten wiedergeben kann, habe ich verstanden, was ich tun soll.

Schritt 4:

K wie kann los gehen

Ich formuliere nun die Antwort zuerst genau im Kopf aus und schreibe dann meine Lösung ordentlich auf.

Schritt 5:

O wie okay

Ich prüfe nochmal, ob ich alle Schlüsselwörter berücksichtigt habe und meine Antwort passt. Ich streiche dann die Nummer der bearbeiteten Aufgabe durch, so merke ich gleich, wenn ich etwas überlesen habe.

Dieses Geckoplakat sollte am Hausaufgabenplatz aufgehängt werden, so dass der Schüler immer wieder spicken kann, wie er strukturiert an einer Aufgabe arbeiten kann. Aufgrund der visuellen Gedächtnisstütze wird er diese Arbeitstechnik schnell verinnerlichen und bald auch bei schriftlichen Tests in der Schule umsetzen.

Pausen

Ein wichtiges Puzzleteil beim Hausaufgabenmachen sind sinnvolle und regelmäßige Pausen. Ein Kind zwischen 5 und 7 Jahren kann sich ca. 15 Minuten konzentrieren. Kinder zwischen 7 und 10 Jahren schaffen es bereits bis zu 20 Minuten, ihre Aufmerksamkeit voll auf eine Sache zu richten. Bei Kindern zwischen 10 und 12 Jahren liegt die Dauer der Konzentrationsfähigkeit bei ca. 25 Minuten, und 12- bis 16-Jährige können sich bis zu 30 Minuten gut konzentrieren. Der in der Schule vorgegebene Rahmen mit 45- oder gar 90-minütigen Schulstunden entspricht eher dem Leistungsrahmen eines Erwachsenen mit einer guten Konzentrationsfähigkeit. Dies müssen wir beim Hausaufgabenmachen unbedingt berücksichtigen. Selbstverständlich gibt es auch Kinder, die sich kürzer oder deutlich länger als der Durchschnitt aller Schüler konzentrieren können. Konzentrationsfähigkeit ist auch eine variable Größe und jederzeit ausbaufähig und zudem tages- und stimmungsabhängig.

Eltern sollten mit Kindern gemeinsam die Pausen festlegen. Hierzu überfliegt man vor Beginn der Hausaufgaben die anstehenden Arbeiten und überlegt, wann Pausen sinnvoll sind und wie sie gestaltet werden. Wir kennen zwei Phasen der Konzentration. Auf eine erste Phase, in der wir all unsere Aufmerksamkeit mit Leichtigkeit und Freude auf eine Sache bündeln, folgt eine zweite Phase, in der es uns schwerer fällt, uns auf eine gestellte Aufgabe zu konzentrieren. In dem zweiten Intervall ist es für uns viel schwieriger, ablenkende Geräusche und Gedanken oder Gegenstände in unserer Umgebung (z. B. Handy oder Spielzeug) auszublenden. Jetzt, in dieser zweiten Phase, ist also der Moment gekommen, in dem wir Kindern Anerkennung für das in dem ersten Zeitraum Geleistete zollen. So fördern wir das Durchhaltevermögen und motivieren den Schüler weiterzuarbeiten.

Sollten Eltern während der Hausaufgaben merken, dass ihr Kind unruhig wird und nicht mehr bei der Sache ist, so unterstützen sie das Kind, indem sie zu einer zusätzlichen Pause auffordern. Nach einer Weile der Begleitung bei den Lernpausen wird das lernende Kind selbst erkennen, wenn die Aufmerksamkeit nachlässt, und sich eine Pause gönnen, um dann effizient weiterarbeiten zu können.

Wir haben bereits gehört, dass Sauerstoff und eine regelmäßige Flüssigkeitszufuhr wichtig sind und den Denkprozess unterstützen. Ebenso gut tut es, in diesen Lernpausen geschnittenes Obst und Gemüse oder Nüsse zu knabbern. Benötigt Ihr Kind Bewegungspausen, so eignen sich auch – wie vor Beginn der Hausaufgaben – BrainGym-Übungen, Hopsen auf einem Gymnastikball, Seilspringen, Treppenlaufen, Trampolinspringen, Tanzen oder ein paar Runden ums Haus laufen.

Manche Kinder bevorzugen Entspannung in den Lernpausen. Hierzu kann das Kind sich aufs Sofa legen oder in den Garten ins Gras und genau spüren, wie sich die Sonne auf der Haut anfühlt und sich darauf konzentrieren, was es hören, fühlen, schmecken und sehen kann. Vielleicht haben Sie Zeit für eine kleine Massage? Manche Kinder hören gerne ruhige Musik oder wohltuende Entspannungsgeschichten und Fantasiereisen, wie sie z. B. auf *www.minddrops. de* speziell für Kinder heruntergeladen werden können. Besprechen Sie auch die Dauer der Pausen und gestalten Sie sie nach Möglichkeit so, dass das Kind sich täglich auf die Pausen freuen kann und diese eine Eltern-Kind-Primetime darstellen, in denen man gemeinsam Spaß und Freude hat, sich entspannt und plaudern kann. Nehmen Sie sich nach den Hausaufgaben nochmals etwas Primetime für Ihr Kind, so dass es sich nicht an die Pause klammern muss.

Weder der Fernseher noch Computerspiele, Handy oder das Beantworten von Chat-Nachrichten und Telefonanrufen sollten während der Lernpause Platz finden.

Es gilt, je länger die Lernphase ist, desto länger sollten die Pausen gestaltet werden

Nach 15 Minuten lernen: 5 Minuten Pause
Nach 30 Minuten lernen: 10 Minuten Pause
Nach 60 Minuten lernen: 15 Minuten Pause

Für ältere Schüler oder jüngere Kinder mit einer sehr guten Konzentrationsfähigkeit können Pausen auch wie folgt gestaltet werden:

Nach 45 Minuten lernen: 5 Minuten Pause
Nach 90 Minuten lernen: 10 Minuten Pause
Nach 120 Minuten lernen: 20 Minuten Pause

Wir wissen aus der modernen Lern- und Hirnforschung, dass wir Lernstoff schneller und effektiver bewältigen, wenn wir beim Lernen Pausen einlegen.

Zeitmanagement

Sollte Ihr Kind zu den Kindern gehören, denen die Zeit, die das außerschulische Lernen einnimmt, als zu groß erscheint, dann visualisieren Sie vielleicht den Tagesablauf in einem Tortendiagramm, dass Sie in 24 Segmente einteilen. Nun zeichnen Sie ein, wieviel Zeit des Tages schulische, aber auch außerschulische Pflichten einnehmen, wie viele Stunden der fürs Lernen ebenfalls wichtige Schlaf einnimmt und wieviel Freizeit dem Kind täglich bleibt. Die meisten Kinder sind überrascht, wieviel Zeit noch bleibt. Sollten Sie merken, dass Ihr Kind tatsächlich zu wenige Stunden zum Selbstgestalten hat, so versuchen Sie,

Tagesabläufe zu ändern bzw. an die Bedürfnisse des Kindes nach mehr Zeit für sich anzupassen.

Eine Hausaufgabenuhr, im Handel unter Time Timer oder Time Tracker besser zu finden, erleichtert es Ihrem Kind zu erkennen, wieviel Zeit es tatsächlich schon an den Hausaufgaben sitzt. Vor den Hausaufgaben kann auch der Timer so eingestellt werden, dass die vom Kind geschätzte Zeit, die es für die Hausaufgaben benötigen wird, angezeigt wird und die noch verbleibenden Minuten sichtbar sind. So lernt das Kind, sich selbst einzuschätzen. Gerade auf der weiterführenden Schule wird es wichtig, das eigene Lernverhalten, das schon vorhandene Wissen und die zum Lernen und Aufgabenlösen benötigte Zeit gut einschätzen zu können. Zudem wird Ihrem Kind dadurch deutlich, wieviel wertvolle Spielzeit verloren geht, wenn es bei den Hausaufgaben trödelt und sich bewusst immer wieder »Ablenkern« zuwendet.

Hallo, innerer Schweinehund

Kennt Ihr Kind eigentlich schon seinen inneren Schweinehund? In jedem von uns lebt der innere Schweinehund, der uns davor bewahren möchte, Dinge zu tun, die für uns zu anstrengend sind oder uns von dem ablenken, was uns Spaß und Freude bringt. Kinder, denen es an Antrieb und Motivation für schulische Themen fehlt, kann es helfen, diesen inneren Schweinehund als Persönlichkeitsanteil zu externalisieren und somit als eigenständiges Wesen zu sehen, über das wir Kontrolle haben und nicht andersherum.

Der innere Schweinehund kann aus Knete, Fimo, Ton, aus Tonpapier oder als Bild dargestellt werden und wird vor den Hausaufgaben gezähmt, beruhigt, gefüttert, weggesperrt. Kinder finden es sehr lustig, zu hören oder selbst zu erfinden, wie ein Dialog mit dem inneren Schweinehund sich anhören könnte, und diese positive Stimmung ist ein perfekter Einstieg in die Hausaufgabe.

Nach den Hausaufgaben

Um die gemachten Erfahrungen zu verankern und für weitere Gelegenheiten nutzbar zu machen, müssen wir das Erlebte reflektieren und einordnen. Hat es mit der Erledigung der Hausaufgabe also außergewöhnlich gut geklappt oder aber eher holprig, so hilft es uns, den Ursachen auf den Grund zu gehen. Hier setze ich besonders gerne skalierende Fragen ein, da ein »Die Hausaufgabe war einfach«, keine Aussage ist, auf die ich eine Strategie zum Hausaufgabenmachen aufbauen kann.

Folgende Überlegungen haben sich für die Kinder, mit denen ich gearbeitet habe, bewährt:

War der Ort/die Zeit richtig, um konzentriert zu arbeiten?

Was war an der Übung schwierig? Und wie schwierig war sie auf der Skala von 1 bis 10? Was brauche ich noch, um zukünftig mit solchen Aufgaben besser zurechtzukommen?

Wen könnte ich um Hilfe bitten, oder wer kann mich unterstützen, dass es zukünftig besser klappt?

Was habe ich verändert, dass es mir heute so leicht gefallen ist? Was will ich davon ab heute immer so machen?

Lernen für Tests und Leistungsnachweise

»Wir unterscheiden scharf zwischen drei Arten des Lernens: Erstens dem üblichen sturen (dummen) Pauken (auch Büffeln genannt), zweitens dem echten Lernen, das sich einstellt, wenn wir etwas begriffen haben, und drittens dem Erlernen von Bewegungsabläufen durch Training. Je weniger wir pauken, desto mehr Spaß macht es und umgekehrt: Wer Lernen für unangenehm, schwierig, frustrierend etc. hält, verwechselt Lernen mit Pauken, und das ist ein vollkommen anderer Vorgang.« (Birkenbihl, Elternnachhilfe).

Prof. Dr. Braun schreibt in ihrem Artikel »Zum Lernen geboren«, dass das Kind in seiner enormen Leistungsfähigkeit kaum zu überfordern sei und die Gefahr eher in einer Unterforderung liege. Hier erwähnt sie als Beispiel das stupide Pauken, dass nichts mit gezieltem Wiederholen und Üben zu tun habe, und auch ständige Misserfolge, destruktive oder inkonsequente Kritik, Strafen oder Demütigung.

»Sage mir etwas und ich werde es vergessen. Zeige mir etwas und ich erinnere mich daran. Beteilige mich an etwas und ich werde es verstehen.« (Konfuzius)

Je sinn-voller wir lernen, also je mehr Sinne wir während des Lernprozesses aktivieren dürfen, desto leichter fällt es uns, den Lernstoff zu behalten und zur richtigen Zeit abrufbar zu machen. Je mehr es uns gelingt, beim Lernen unsere Sinne anzuregen, je humorvoller und je mehr wir den Lernstoff mit Überraschungen oder völlig Absurdem verknüpfen, desto eher werden wir uns daran erinnern.

Die meisten Schüler haben nicht das Problem, dass sie sich nicht ausreichend Zeit fürs Lernen nehmen würden, sondern dass die Qualität des Lernprozesses nicht gehirngerecht gestaltet wird. Qualität geht über Quantität. Ein Kind, das bereits viel Zeit investiert, um einen Wissensrückstand aufzuholen, und keine erkennbaren Erfolge erzielt, braucht neue Lernstrategien und nicht noch mehr Zeit mit dem Lernstoff.

Die wichtigsten Grundfertigkeiten lernen die meisten Kinder spielerisch und fast wie nebenbei. Diese Leichtigkeit können wir auch beim schulischen Lernen sehr gut gebrauchen. Lernen muss nicht monoton sein. Leider gibt es noch immer zu viele Schüler, die mit ihren Schulheften und -büchern stundenlang am Schreibtisch sitzen und durch immer wieder Lesen des Lernstoffes, versuchen, diesen zu verinnerlichen. Kurse zum Thema »Lernen lernen« gibt es an jeder Ecke, und sie werden häufig auch in Schulen angeboten. Leider bleiben die dort vermittelten Kenntnisse zu oberflächlich oder werden zu abstrakt präsentiert, so dass Schüler nicht in der Lage sind, dies an ihrem Lernstoff anzuwenden.

Ein neuer Lerninhalt ist zunächst noch nicht fest im Arbeitsgedächtnis verankert und könnte somit jederzeit auch wieder verloren gehen bzw. von anderen

Informationen überschrieben werden. Wir müssen also zunächst über bewusstes Erinnern den neuen Lernstoff abspeichern. Hier tun wir uns leichter, wenn wir verschiedene Möglichkeiten kennengelernt haben, um neue Informationen schnellstmöglich und effizient abzuspeichern, und wenn wir wissen, mit welchen Strategien wir persönlich am erfolgreichsten sind. Denn wir wissen, dass regelmäßige Wiederholung allein leider noch nicht reicht, wenn zwar angemessene Zeit, aber keine passende Strategie verwendet wurde, war das Wiederholen umsonst.

Lerntypen

Jeder lernt anders. Und jeder muss den für sich richtigen Weg finden. Manchmal macht eine Art zu lernen für einen anderen Menschen weniger Sinn und würde nicht zum Erfolg führen. Jedes Kind kann selbst erarbeiten, wie es lernen sollte. Finden Sie dennoch über einen Lerntypentest heraus, ob Ihr Kind sich neue Themen eher merken kann, wenn sie visuell, auditiv und kommunikativ oder bewegungsorientiert angeboten werden.

In der Praxis hat sich gezeigt, dass diese Lerntypen kaum isoliert auftreten und Mischtypen die Realität sind. Schubladendenken und Patentrezepte helfen nicht, und dennoch gibt es zu jedem Lerntyp Tipps und Tricks, die die Speicherung von Wissen beschleunigen und Abrufbarkeit im richtigen Moment gewährleisten.

Visueller Lerntyp

Der visuelle Lerntyp kritzelt beim Lernen gerne kleine Zeichnungen aufs Papier oder malt den Rand in seinem Schulheft voll. Er mag Farben und Schaubilder, und deshalb sollte er mit Lernplakaten, Collagen und Mind-Maps arbeiten. Auch das Malen (Bild oder Comic) zu einem Text, der gelernt werden soll, unterstützt ihn beim Lernen. Gut ist, wenn der visuelle Lerntyp sich kleine Spickzettel schreibt, die er an verschiedenen Orten bei sich zuhause deponiert und sie immer wieder liest, wenn er daran vorbeikommt. Auch das Mitschreiben im Unterricht oder Zeichnungen zum Lernstoff anzufertigen, erhöht die Möglichkeit, schon im Unterricht viel Wissen zu speichern. Der visuelle Lerntyp braucht Anschauungsmaterial.

Auditiver Lerntyp

Der auditive Lerntyp wird aus dem Frontalunterricht in der Schule am meisten mitnehmen. Er lernt durch aktives Zuhören am besten. Er wiederholt den Schulstoff am besten, wenn er jemandem erzählen kann, was er gelernt hat, oder eine Diskussion zu dem Thema führen kann. Gut lernen kann der auditive Lerntyp, wenn er sich beim Aufsagen des Schulstoffes mit einem Tonbandgerät aufnimmt und sich diese Tonaufnahme immer wieder vorspielt oder den Lernstoff vorm Spiegel oder vor der Familie als kleinen Vortrag hält – vielleicht in einem lustigen Dialekt oder mit verstellter Stimme. Der auditive Lerntyp profitiert von Reimen oder Eselsbrücken.

Kommunikativer Lerntyp

Kommunikative Lerner haben einen großen Wortschatz und können anderen auch über einen längeren Zeitraum aktiv zuhören und passendes Feedback geben. Sie lernen tatsächlich am besten bei der Teamarbeit und im Austausch mit anderen. Die Anwesenheit anderer Schüler motiviert zum Weitermachen und Nachdenken. Das Brainstorming im Team kommt dem kommunikativen Lerntypen zu Gute.

Bewegungsorientierter Lerntyp

Haptisch oder taktil Lernende lernen schneller, wenn sie selbst Hand anlegen dürfen, Experimente durchführen können und das vermittelte Wissen nicht nur theoretisch bleibt. Sie können sich etwas besser merken, wenn sie während des Zuhörens malen dürfen oder sich körperlich betätigen, wie Seil- oder Trampolinspringen. Der bewegungsorientierte Lerntyp will nicht still und starr am Schreibtisch sitzen, sondern wird während des Lernens im Zimmer herumtigern oder es sich in einer Hängematte gemütlich machen.

Noch ein paar Ideen zum Lernen

Falls sich die Zeitinvestition ins Lernen noch nicht in schulischem Erfolg niederschlägt, so kann dies entweder daran liegen, dass zu wenig gelernt wurde, dass die Art und Weise des Lernens nicht effektiv oder geeignet ist, dass Lernschwächen oder Lernstörungen vorliegen oder dass man keinen Zugang zu seinen Fähigkeiten hat, weil es an Konzentrationsfähigkeit mangelt oder aufgrund eines mangelnden Selbstvertrauens bzw. Selbstwertes zu Blockaden oder Blackouts kommt.

Nutzen Sie für alles, was jenseits der vorgegebenen Hausaufgaben zu lernen ist, Ihre Kreativität; ein Löffelchen voll Zucker, und was bitter ist, wird süß (Mary Poppins). In der Schulpädagogik hat Humor bisher kaum Platz gefunden. Lachen verbessert die Denkleistung. Der Erziehungswissenschaftler Dieter Kassner stellte fest, dass Erheiterung ein entspanntes und angstfreies Unterrichtsklima schafft und dabei unterstützt, Aggressionen abzubauen. Genauso, wie Ihr Kind das Schwimmen, das Radfahren und das Sprechen und vieles mehr spielerisch und begleitet von dem Spaß, der Begeisterung und der Freude des familiären Umfeldes gelernt hat, genauso wird es die in der Schule erwarteten Fertigkeiten am besten erlernen.

Superlative und Abwechslung

Gerade Grundschulkinder lieben es, den längsten Brief mit den größten Buchstaben auf eine z. B. Papiertischdecke zu schreiben oder den kleinsten Brief in einer Streichholzschachtel zu verschicken.

Lassen Sie Ihr Kind wichtige Begriffe oder Wörter, die es sich noch nicht gut merken kann, in Sand, mit Kreide auf die Straße oder auf Papier besonders groß oder besonders klein schreiben, legen Sie solche Wörter oder Begriffe mit Scrabble-Buchstaben, oder schreiben Sie diese Wörter auf Körperteile Ihres Kindes, oder lassen Sie Ihr Kind diese Wörter auf Ihren Rücken, Ihren Arm, Ihr Ohr, Ihre Stirn ... usw. schreiben – mit Lufttinte oder Lippenstift, Labello oder Creme. All dies macht Spaß, fördert die Beziehung zu sich selbst und zu den Eltern und regt die Lust und Freude am Lernen an.

Das Neurolinguistische Programmieren (NLP) kennt neben der sogenannten *»Kino-Strategie«* zum Einüben von orthographischen Aufpassstellen weitere Möglichkeiten, um Kinder beim Lernen zu unterstützen. Mittels der Kino-Strategie schaffen wir Wortbilder im Gedächtnis. Diese Wortbilder, die auf diese Art bewusst geschaffen werden, haben gute Rechtschreiber automatisch angelegt. Gute Rechtschreiber verfügen über einen inneren Bildschirm, auf dem sie das Wort sozusagen abschreiben können.

Falls Ihr Kind Schwierigkeiten hat, sich im Zahlenraum zu orientieren, können Sie mit Kreide einen

Zahlenstrahl auf die Straße malen, oder Sie kleben eine Zahlenleiter mit Krepppapier auf den Fußboden. Nun wird gewürfelt. Das Spiel kann entweder als »Minus- oder Plus-Variante« gespielt werden. Wer zuerst auf der obersten Sprosse ist, hat gewonnen, wenn die erwürfelte Zahl addiert werden muss, und bei Subtraktion, wer als Erstes die letzte Sprosse erreicht hat. Oder spielen Sie eine Misch-Variante auf Zeit, und wer nach Ablauf der Zeit auf der höchsten Zahl steht, hat gewonnen.

Lassen Sie Ihr Kind beim Kochen oder Werkeln helfen. So sind Längen-, und Gewichtsangaben leicht zu verstehen und zu schätzen, und gleichzeitig erfahren Kinder die Vorteile von strukturiertem Vorgehen.

Wenn Ihr Kind noch Probleme mit Rechengeschichten hat, erfinden Sie im Alltag eigene und vor allem lustige Rechengeschichten aus Ihrem Alltag – auf dem Weg zur Schule, beim Spazierengehen, beim Einkaufen, beim Aufschneiden der Torte ... usw. ...

Spannen Sie eine Wäscheleine im Zimmer Ihres Kindes und hängen Sie kleine Karteikärtchen daran auf, die wichtige Begriffe, Definitionen, Regeln oder Wörter, die Ihr Kind zukünftig richtig schreiben soll, zeigen, und besprechen Sie diese jeden Tag beim Zubettgehen oder Aufstehen.

Um Ihr Kind zum Schreiben und Lesen zu animieren, schicken Sie sich in der Familie gegenseitig eine kleine Flaschenpost. Vereinbaren Sie eine feste Zeit; z. B. immer sonntags um 18 Uhr schreiben alle Familienmitglieder die Post zu einem vorab gewählten Thema.

Lassen Sie Ihr Kind täglich einen Satz des Tages aufschreiben, und schreiben Sie auch einen dazu. Auch ein wunderbarer Schatz zur Erinnerung an die Kindheit.

Witze eignen sich sehr gut, um das sinnentnehmende und genaue Lesen zu üben. Es werden immer kleine Portionen gelesen, und beim Lesen herrscht eine lustige und freundliche Stimmung. Wenn ihr Kind sich gegen 10 Minuten tägliches Lesenüben wehrt, dann lesen Sie zunächst eben weniger. Es wird automatisch mehr werden.

Die meisten Kinder lieben Wettkämpfe. Jeder bekommt einen eigenen Zettel und schreibt im Rahmen einer vorgegebenen Zeit auf, was ihm heute alles z. B. in einer bestimmten Farbe begegnet ist. Also am roten Donnerstag schreibt man alles auf, was heute rot war ... z. B. Apfel, Stift, Spitzer, Feuerlöscher, Paprika, T-Shirt ... Oder am eckigen Mittwoch wird alles Eckige gesammelt.

Vera Birkenbihl schreibt *»Was in der Schule und bei den normalen Hausaufgaben passiert, ist nicht Lernen, sondern Pauken. Da echtes Lernen mit Begreifen einhergeht (während man beim Pauken stur irgendwelche Dinge wiederholt, die man nicht begriffen hat, z. B. mathematische Formeln), hat man sie nicht wirklich gelernt.«*

Spiel mal wieder

Man kann wohl sagen, dass Spielen die Berufung unserer Kinder ist, und auch Jugendliche spielen noch gerne.

»Beim Spiel kann man einen Menschen in einer Stunde besser kennenlernen als in einem Gespräch in einem Jahr.« (Platon, ca. 427–347 v. Chr.)

Im Spiel wird die Welt für Kinder be-greif-bar. Sie entwickeln ihre Anlagen bzw. lassen sie aufblühen und gedeihen. Es gibt für Kinder sicherlich keine bessere Förderung, als ihnen von klein an genügend Zeit und Raum zum Spielen zu geben. Spielen fördert alles auf einen Streich – Kreativität, Körpergefühl, Teamgeist, Denkfähigkeit, Selbstwertgefühl, Einhalten von Regeln, Aushalten von Misserfolgen, Geduld, Empathie, Verständnis für sich selbst und andere. Das angeleitete Lernspiel unterscheidet sich vom Freispiel. Kinder haben an beiden Formen Freude und finden sich in ihrer Entwicklung unterstützt. Knobelaufgaben, Spiele wie Sudoku, die logisches Denken voraussetzen, fördern die Anstrengungsbereitschaft und den Ausbau von Denkstilen, die Kinder darin befähigen, lösungsorientiert zu handeln. Im Spiel erfahren Kinder, das Regeln sinnvoll sein können und das Zusammenspiel und Zusammenleben erleichtern. Um selbstreguliert lernen zu können, brauche ich Planungsstrategien, Lerntechniken und Selbstmanagement. All dies lernen Kinder ganz nebenbei beim Spielen. Sie erfahren, wie sie konzentriert bleiben und wie sie Strategien anwenden können.

Und obwohl allein an Umsätzen der Spielzeugindustrie sehr deutlich ist, wie viel Bedeutung das Thema »Spielen« hat, so ist es doch erstaunlich, dass Eltern manchmal Bedenken äußern, Kinder könnten zu viel spielen und zu wenig lernen. Der Spielforscher Herbert Ginsburg fand bei einer systematischen Beobachtung von Vorschulkindern heraus, dass diese sich beim Spielen mit den Grundkonzepten der Mathematik und der Physik vertraut machten, indem sie einen Großteil ihrer selbststrukturierten Zeit mit sortieren, zählen, Zahlen und Formen verbringen und beim Umgang mit Sand, Erde, Matsch, Wasser, Stein, Holz und Papier physikalische Gesetzgebungen begreifbar werden.

Sich ein Thema spielerisch zu erarbeiten, bewirkt gerade bei schulisch weniger erfolgreichen Kindern eine neue Offenheit für das emotional belastete Schulfach, und so ist schulisches Lernen wieder möglich.

Sicherlich können Sie und Ihr Kind viele eigene Ideen entwickeln, wie man mit Schulstoff spielen kann.

Ein weiteres Beispiel, sich Schulstoff spielerisch zu erarbeiten, wäre ein 1x1-Memory zu gestalten. Schreiben Sie auf ein Kärtchen die Aufgabe und auf ein weiteres Kärtchen das Ergebnis. Bewaffnen Sie und Ihr Kind sich mit Fliegenpatschen. Die Aufgabenkärtchen liegen auf einem Stapel, die Ergebniskärtchen verteilen Sie auf dem Tisch. Nacheinander ziehen alle Mitspieler eine Aufgabenkarte und lesen diese vor, wer als erstes mit der Fliegenpatsche auf das Ergebnis schlägt, gewinnt das Pärchen. Selbstverständlich eignet sich diese Spielform auch für Vokabeln, Merksätze oder Definitionen.

Gestalten Sie ein Spielbrett mit Ihrem Kind, oder nutzen Sie das Spielbrett eines vorhandenen Gesellschaftsspieles und basteln Sie Fragekärtchen dazu. Schon während Ihr Kind die Kärtchen vorbereitet und Fragen zum Lernstoff entwickelt, wiederholt es den Schulstoff und vertieft sein Wissen. Kann der Spieler, der an der Reihe ist, die Frage auf dem Kärtchen genau beantworten, darf er ein Feld vorrücken, kann er die Frage ganz genau beantworten, schon zwei, und wenn die Frage sogar über-ganz-genau beantwortet wurde, so darf der Spieler seine Spielfigur drei Felder vorrücken lassen.

Sicherlich fallen Ihnen und Ihrem Kind viele weitere Möglichkeiten ein, um den Spaß am Lernen zu erhalten und den Schulstoff spielerisch zu vertiefen.

Passives Lernen

Wir unterscheiden aktives von passivem Lernen. Wir alle haben unsere Muttersprache passiv gelernt. Wir haben unserer Umwelt gelauscht und über das regelmäßige Sprachbad mehr und mehr verstanden. Der Satz »Der Hund spielt mit dem Ball« hat für uns Stück für Stück mehr Sinn gemacht. CDs oder Downloads zu Gedichten, dem 1x1 oder Wissensgebieten kommen viel zu selten zum Einsatz. Auch zu jedem Sprachbuch gibt es eine passende CD. Hören Kinder regelmäßig diese CDs, so verinnerlichen sie automatisch den Wortschatz, grammatikalische Strukturen und werden sicherer in ihrer Aussprache. Wir hatten letztens einen riesigen Spaß, als wir am Geburtstag meines Sohnes, der den Erlkönig auswendig zu lernen hatte, alle zu verschiedenen auf Spotify oder Amazon Music herunterzuladenden und musikalisch untermalten Versionen des Gedichtes tanzten und Theaterstücke aufführten. Hier machte die gesamte Familie von der Oma, über den Onkel und die Tante, bis zur kleinen dreijährigen Cousine mit, und siehe da, am Ende des Abends konnten fast alle den Erlkönig aufsagen.

Auch das 1x1 gibt es in verschiedenen Hörversionen, mit solch eingängigen Melodien unterlegt, dass sich auch die Eltern dabei ertappen, wie sie plötzlich der Ohrwurm heimsucht ... 1x3=3 ... 2x3=6. Ich hatte eine Schülerin, die vom Einmaleins genervt war und überzeugt davon, dass sie sich das nie merken können würde. Als sie herausfand, dass sie eine tolle Choreographie zum Einmaleins tanzen konnte, machte das plötzlich keine Kopfschmerzen mehr, und in der 1x1-Probe bekam sie die Note 2.

Wir lernen auch passiv, wenn wir uns kleine Spickzettel an verschiedene Spiegel hängen und jedes Mal wiederholen, was uns aktuell noch schwerfällt ... beim Zähneputzen; vielleicht sogar mittels eines einlaminierten Spickzettels unter der Dusche. Ein guter Platz ist auch der Raum, in dem sich das WC befindet. Hier können wir die Zeit ebenfalls nutzen, um die 5 Vokabeln, die wir uns noch merken wollen, mehrmals am Tag zu wiederholen. Eine weitere Idee wäre es, Formeln, Vokabeln u. a. auf ein Papier in der Lieblingsfarbe zu schreiben, dieses zu laminieren und als Platzgedeck beim Essen zu verwenden. Es gibt allerdings auch solche Art von Platzgedecken zu einigen Themen zu kaufen.

Einen eigenen Podcast oder ein Lernvideo aufzunehmen, finden Kinder meist spannend. Besonders dann, wenn sie es mit Freunden gemeinsam tun. Während des Aufnehmens wird schon viel Wissen gespeichert und Wichtiges von Unwichtigem getrennt. Je öfter wir es anhören oder ansehen, desto mehr werden wir von dem Lernstoff wiedergeben können.

Passives Lernen kann aktives Lernen nicht ersetzen, stellt aber eine wunderbare und zeitsparende Ergänzung und eine willkommene und oft spaßige Abwechslung dar.

Mnemotechniken

Mnemotechniken sind Techniken und Strategien, Tipps und Tricks, um sich Informationen leichter merken zu können und zu jeder gewünschten Zeit abrufbar zu machen.

Ich möchte hier nur einige kurz erklären. Wie diese Techniken genau umzusetzen sind, können Sie im Internet oder in Büchern zu diesem Thema nachlesen.

Mind-Map
Man geht davon aus, dass das Gehirn unterstützt durch eine Mind-Map produktiver arbeitet. Formen,

Linien, Bilder und Farben werden genutzt. So wird der Lernstoff mit einem Bild und bereits vorhandenem Wissen verknüpft und schneller abgespeichert.

Loci-Methode

Schon in der Antike wurde diese Form der Gedächtnisstütze genutzt. Hier werden Informationen zum Lernstoff an bestimmten, vertrauten Orten im eigenen Zuhause, auf eigenen Körperteilen oder Wegen, die man täglich geht, gedanklich abgelegt. Die Reihenfolge der Orte dient als Gedächtnisstütze. Wir wissen heute, dass sich Bilder besser im Gedächtnis speichern als lose herumschwirrende Zahlen oder Textbausteine.

Merksprüche

Mittels eines einfachen und einprägsamen Satzes können wir uns richtige Reihenfolgen besser merken. So kennen viele Menschen den Merksatz: **M**ein **V**ater **e**rklärt **m**ir **j**eden **S**onntag **u**nseren **N**achthimmel. So speichern wir die Reihenfolge der Planeten zur Sonne: Merkur, Venus, Erde, Mars, Jupiter, Saturn, Uranus und Neptun.

Auch die Reihenfolge der Himmelsrichtung merken sich Schüler seit Jahrzehnten mittels ... *Nie ohne Seife waschen* ... Norden, Osten, Süden, Westen ...

Mein Sohn hatte z. B. Schwierigkeiten, sich zu merken, dass das Blatt der Linde herzförmig ist. Er memorierte es schließlich mit dem Satz und dem Bild im Gedächtnis: Die Linde hat ein Herz auf der

Rinde. Diese Merksätze müssen nur für Ihr Kind Sinn machen, nicht für Sie selbst.

Geschichten

Erfinden Sie mit Ihrem Kind Geschichten zum Lernstoff, zeichnen Sie einen Comic mit Sprechblasen. Erinnern Sie sich, je absurder oder lustiger die Geschichten sind, desto leichter fällt es uns, das Wissen zu behalten. Nach einiger Übungszeit wird Ihr Kind diese Form der Mnemotechnik alleine anwenden können und wollen.

Merkbilder oder Assoziationen

Die englische Vokabel »to grizzle« bedeutet nörgeln. Um sich diese Vokabel zu merken, dachte mein Sohn an einen nörgelnden Grizzlybären.

Das Wort »car« könnte man sich merken, in dem man an ein Auto denkt, das bis oben hin voll mit **Kar**toffeln ist.

Das französische Wort »la voiture« können wir uns z. B. merken, in dem wir an ein Auto **vor der Tür** denken.

Das französische Verb »sonner« bedeutet klingeln. Wir können uns also vorstellen, wie wir in der prallen Sonne am Strand liegen und endlich das Klingeln des Eismannes zu hören ist.

Je öfter wir Merkbilder bzw. Assoziationen genutzt haben, desto leichter wird es uns fallen, neue zu finden.

Akronyme

Ein Akronym ist ein Großbuchstabenwort, das sich aus den Anfangsbuchstaben anderer Wörter bilden lässt. So können wir uns die größten Seen Deutschlands mit dem Akronym BMCSS merken und kennen so die Reihenfolge der Seen Bodensee, Müritz, Chiemsee, Schweriner See und Starnberger See.

Ob Kinder Lernstrategien nützen, hängt vom Echo ab, das Kinder bei Eltern und Lehrern finden. So weist Lauth darauf hin, *»(...) dass sie Lernstrategien einerseits durch Hinweisreize (Prompts) abrufen und ihren Einsatz andererseits operant verstärken (Rückmeldungen, soziale Verstärkung, Token-System, Eintragung von Leistungsrückmeldungen in ein Feedback-Heft).«*

Abfragen von Lernstoff

Das Abfragen des Lernstoffes kann, wie oben beschrieben, auch spielerisch geschehen oder im Gespräch am Esstisch. Kinder lieben Geschichten, Legenden und Sagen, und kleinere Geschwister finden es sehr spannend, wenn der große Bruder über Napoleon oder Friedrich den Großen erzählt. Alle Themen aus dem Heimat- und Sachkundeunterricht eignen sich ebenfalls sehr gut, um mit Kindern den Transfer in ihr alltägliches Leben zu üben. Kinder, die das über die gesamte Vorschul- und Grundschulzeit hinweg erfahren haben, werden seltener bis kaum das Gefühl haben, unnütze Dinge lernen zu müssen.

Gerade für medienaffine Kinder oder für Familien, in denen das Abfragen von Lernstoff zu Konflikten führt, bietet es sich an, Kinder einfach von der Schulstunde erzählen zu lassen und kostenlose Lern-Apps wie »Schlaukopf« zu nutzen. Medien gehören zu unserem Alltag. Mit einem Fingerwisch schlüpfen wir in andere Welten. Kaum einer kann sich dem Reiz der Medien entziehen. Auch Kinder nicht. Wichtig ist, dass die Erlebnisse in der virtuellen Welt nicht mehr Gewicht und Bedeutung bekommen als die realen. Zur Medienerziehung gehört, dass Kinder die Vielfalt der Einsatzmöglichkeiten kennenlernen. Medienunterstützt zu lernen, kann Spaß machen, und Spaß fördert, wie wir wissen, die Speicherung und Abrufbarkeit von Lernstoff. Bei Schlaukopf z. B. können die Schulart, das Bundesland, die Klassenstufe ausgewählt werden und gezielt Fragen zum Schulstoff und zu allen Schulfächern bearbeitet werden, die sich sehr genau am in der Schule erwarteten Wissen orientieren.

Auf z. B. *www.legakids.de* können Kinder mit Lese-Rechtschreib-Schwierigkeiten und Rechenproblemen mit dem Monster Lurs Lernabenteuer bestreiten. Antolin ist ein web-basiertes Lernprogramm zur Förderung der Lesekompetenzen. Auch hierzu gibt es eine schöne App für Grundschulkinder, um Lese- und Schreibfertigkeiten auszubauen.

Zusätzliche Übungen sollten abwechslungsreich und zeitlich nicht zu lang gestaltet werden. Lieber täglich 10 Minuten üben, als zweimal die Woche eine Stunde.

Vorhilfe ist besser als Nachhilfe

Seit Ende der 90er-Jahre hat jedes Kind in Deutschland einen rechtlichen Anspruch auf einen Kindergartenplatz. Nicht die Betreuung der Kinder, sondern deren Bildung wurde nun ins Zentrum der Aufgaben einer Kindertagesstätte gerückt. Das Weltwissen der Kleinen sollte im Kindergarten wachsen. Es sollte für Kinder leichter werden, den Übergang von Kindergarten zu Schule zu schaffen. Kognitive Grundfertigkeiten, indem man den Kindern schon früh die Möglichkeit gibt, Probleme und Aufgaben zu lösen, sollten angelegt werden. Leider geht die Schere immer weiter auf, und es gibt zu viele Kinder, die mit Defiziten ihre Schulkarriere starten.

Ohne Leistungsdruck, ohne Zeitdruck, ohne Fehleranalyse, ohne Bloßstellung, ohne Konkurrenzgedanken, der über ein gesundes Maß hinausgeht, gibt es im Kindergarten Zeit und Raum, zu experimentieren und sich die Welt begreifbar zu machen. Meine eigenen Kinder wollten alle vier schon weit vor Schulstart mit Buchstaben und Zahlen hantieren. Sie wollten vieles wissen und noch mehr sehen. Sie wollten Rätsel lösen und Denknüsse knacken. Unterstützen wir die Wissbegierde unserer Kinder, so eignen sie sich bis zum Beginn der Grundschulzeit ein breit gefächertes Allgemeinwissen an – ein intuitives Verständnis der Welt um sie herum. Im Laufe unseres Lebens sammeln wir viel Spezialwissen an. Und Vorschulkinder und Grundschulkinder tun dies auch schon. Ich habe viele Kinder getroffen, die sich auf einem hohen Niveau mit einem Paläontologen hätten austauschen können. Sie können den Unterkiefer eines urzeitlichen Höhlenbären von dem eines Smilodons, also einer Art Säbelzahntiger, ohne Probleme unterscheiden. Kinder im Vorschulalter interessieren sich für den menschlichen Körper, Fremdsprachen, mathematische Vorgänge, Naturgesetze, verstorbene Könige, andere Kulturkreise, geologische Phänomene, Bauwerke, Gemälde, die Entstehung der Menschheit und so vieles mehr. Es liegt an uns als nicht nur Erziehungs- sondern auch Bildungsbeauftragte, etwas aus diesen Interessen zu machen und sie trotz Schule aktiv zu halten.

Das Wort »Logik« stammt aus dem Griechischen und bedeutet so viel wie »denkende Kunst«. Kleine Kinder lieben es, zu planen, zu konstruieren, zu organisieren, zu überlegen und Problemstellungen anzugehen. Je mehr Gelegenheiten wir ihnen von klein auf dazu geben, desto besser werden sie die denkende Kunst beherrschen. Wissenschaftler sind sich noch nicht einig, zu welchem Anteil Förderung und Gene bei einer Begabung eine Rolle spielen. Dass aber die Förderung mindestens die Hälfte ausmacht, davon ist auszugehen.

Fazit

Als Mutter, Lerntherapeutin und Familienberaterin halte ich die gängige Hausaufgabenpraxis für optimierbar. Ich wünsche den Kindern und Jugendlichen mehr Zeit für sich selbst und dafür, sich zu entwickeln. Ich wünsche mir, dass Kinder mehr Freiraum erhalten und die zusätzliche Lernzeit am Nachmittag nicht mit vorgegebenen Hausaufgaben gefüllt wird, sondern jeder selbst mitentscheidet, welches Fach und welche Art der Wiederholung sinnvoll wäre, bzw. ob überhaupt ein weiteres Wiederholen des Lernstoffes nötig ist. So wären Hausaufgaben tatsächlich wirksam, um das im Unterricht Gelernte zu üben, zu festigen und schließlich anwenden zu können. Solange keine Anpassung an Erkenntnisse der modernen Lern- und Hirnforschung stattfindet, solange sind wir als Eltern gefordert, Kinder ohne Druck lernen zu lassen und eine Lernumgebung zu schaffen, die Lust aufs Lernen schafft, die Neugierde weckt an Wissen.

Während ich diesen Leitfaden schrieb, wurde mir bewusst, wie umfangreich die Begleitung bei den Hausaufgaben ist. Ich erkannte, wie viele Rollen Eltern als gute Lernbegleiter gleichzeitig einnehmen müssen; Lerncoach, Lehrer, Beschützer, Tröster, gute Fee, Motivationscoach, Spielpädagoge, Experten für Konzentration und Entspannung und Ernährung und Vermittler. Und während Lehrer sich auf Interessensgebiete und Fächer spezialisiert haben, so sollen Eltern nachmittags in allen Schulfächern helfen und erklären können – Fremdsprachen, Mathematik, deutsche Grammatik, Physik, Musiknoten lesen, Weltreligionen und Länderkunde u. v. m. beherrschen. Hausaufgaben können uns als Eltern und unseren Kindern sehr viel abverlangen. Ich möchte mich bei Ihnen bedanken, dass Sie sich für die Beziehung zu Ihrem Kind und für den Wunsch nach Ruhe und Frieden im Familienalltag auf die Suche nach neuen Wegen der Lern- und Hausaufgabenbegleitung begeben haben. Schon kleine Schritte können viel Positives bewirken. Die gute Nachricht ist, nach einiger Zeit der positiven Lern- und Hausaufgabenbegleitung wird Ihr Kind all die ihm gebotenen Tipps und Ideen und vieles mehr, was es sich selbst überlegt oder anderswo erfährt, umsetzen bzw. für eigene Bedürfnisse anpassen und abändern und keinen Manager mehr brauchen. Ihre Hauptrolle in Sachen Hausaufgabenbegleitung wird sukzessive zur Nebenrolle, und schließlich werden Sie in Sachen Hausaufgaben zum Statisten werden.

Der im Jahr 2017 vorgelegte Unesco-Bildungsbericht gab an, dass 264 Millionen Kinder weltweit keine Chance auf Schulbildung haben. Es sind aktuell ca. vier Millionen Flüchtlingskinder unterwegs, so das Flüchtlingshilfswerk UNHCR, die keine Möglichkeit haben, zur Schule zu gehen. Die Folgen für die persönliche Zukunft dieser Kinder und unsere Gesellschaft sind verheerend.

Schule und alles, was mit Schule zu tun hat, macht nicht immer Spaß, und dennoch gehen die meisten Kinder täglich gerne dort hin. In unserem Schulsystem gibt es einiges, dass nach Optimierung und Anpassung schreit. Aber unsere Kinder dürfen lernen. Wir und auch unsere Kinder werden keine große Veränderung in unserem Schulsystem erleben. Und wir brauchen auch keine großen Veränderungen »von oben«, um unsere Situation sofort nachhaltig zu verbessern. Es gibt sie schon, die Lehrer, die sich Gedanken machen, die versuchen, den Unterricht spannender, teamorientierter zu gestalten und dem Schüler Eigeninitiative und Eigenverantwortung beizubringen bzw. nicht wegzunehmen. Diese Lehrer brauchen unseren Applaus und unser Vertrauen. Und ich erlebe täglich viele motivierte und engagierte Eltern, die sich einbringen und Veränderungen bewirken wollen.

Wir tragen als Eltern einen großen Teil dazu bei, wie Kinder das schulische Lernen und die schulische Gemeinschaft empfinden. Wir entscheiden, wieviel Druck wir ausüben lassen, was wir annehmen und wieviel Raum Schule und schulische Themen in unserem Familienalltag einnehmen dürfen.

Ich wünsche mir, dass wir zu Schöpfern unserer Welt werden. Dass wir Kindern erlauben, Schöpfer ihrer Welt zu sein. Wir verstärken das, worauf wir unsere Aufmerksamkeit lenken. Hören wir auf, der Schule und dem schulischen Lernen so viel Energie und Macht zu geben, und widmen wir uns dem, was wir erschaffen wollen. Wir wollen starke Kinder, die zuversichtlich und selbstbewusst ihr Leben gestalten und ein Miteinander leben können. Wir wünschen uns Menschen, die eine gute Bindung zu sich selbst haben, um gute Bindungen mit anderen Menschen eingehen zu können. Wir wünschen uns Menschen, die ihr Leben als sinnvoll ansehen, sich Ziele setzen und diese verfolgen können. Erfahrener Respekt, Liebe, Verständnis und Achtsamkeit tragen uns ein Leben lang.

Jesper Juul wird zitiert, dass selbst die besten Eltern pro Tag um die 20 Fehler machten. Das gilt dann wohl für Lehrer in ähnlicher Weise. Mich hat das beruhigt und meine Sicht auf das Menschsein bestärkt: Wir trainieren alle noch. Perfekte Eltern, perfekte Menschen gibt es nicht und wir werden es nicht ändern, dass wir eine bunte Mischung aus Trainierenden in Sachen Menschsein und Familienleben sind. Gut ist, wenn jeder Tag ein guter Tag ist, um neu zu beginnen und zu trainieren und dankbar dafür zu sein, dass man Neuem gegenüber aufgeschlossen sein und Sachverhalte verstehen kann, die sich anderen Menschen noch nicht zu erschließen scheinen.

Das letzte Wort möchte ich meinem achtjährigen Sohn überlassen, da er wahrscheinlich den allerbesten Tipp für Sie hat: »Warum fragen Erwachsene die Kinder nicht einfach, was sie wollen. Sie waren doch alle selbst Kinder, warum erinnern sie sich nicht einfach daran, was sie selbst traurig gemacht hat und was sie dann von den Erwachsenen gebraucht und sich gewünscht haben, als sie selbst noch Kinder waren.«

Literaturnachweis:

Hausaufgaben: Überblick und Praxishilfen,
Britta Kohler

Krimskrams und Co.,
Felicitas Bergmann/
Delphine Bergmann

AudioTrain, erfolgreich Lernen,
Christine Falk-Frühbrodt

Das Gummibärchen im Spinat,
Christiane Stenger,
Spiegel online 12/2015

DAK Onlineportal

Elternnachhilfe,
Vera F. Birkenbihl

Ich schaffs!,
Ben Furman

Systemische Lerntherapie,
Mike Lehmann/Jens Eitmann

Frühe Kindheit 03/08 Entwickeln und Lernen,
Prof. Dr. Anna Braun

Vom Gehorsam zur Verantwortung,
Jesper Juul/Helle Jensen

Die Weisheit der Kinder,
Dr. Udo Baer

Erfolgsgedächtnis,
Dr. Gunter Karsten

Liebevolle elterliche Führung,
Mathias Voelchert

family/lab.de® – die familienwerkstatt

www.familylab.de
www.familylab.at
www.familylab.ch

familylab.de – die familienwerkstatt ist eine unabhängige Organisation und die Adresse für Eltern, Lehrer, Mitarbeiter in Unternehmen, die eine solide Basis im Umgang miteinander finden wollen. Für Menschen, die gerne ihre eigenen Werte, im Dialog mit den Erfahrungen von Jesper Juul und familylab bezüglich Familienleben und Kindererziehung, entwickeln wollen.

In der *familienwerkstatt* sind wir Spezialisten darin, Vorträge und Seminare zu gestalten, in denen Eltern und professionelle Fachleute Anregungen und Ideen zu ihrer Arbeit finden können. Und um die bestmögliche Chemie innerhalb der Familie, zwischen Kindern und Erwachsenen, wie auch in Beziehungen innerhalb von Schulen und Betrieben, zu schaffen.

Zum einen haben wir den Wunsch, durch Vorträge, Seminare, Workshops, Symposien, Bücher, Artikel und Filme für Eltern und für Fachleute die psychosoziale Gesundheit und das Wohlergehen der heutigen und zukünftigen Eltern und Kinder zu verbessern. Damit wollen wir die vielen unterschiedlichen Familien darin unterstützen, gesunde Beziehungen zu schaffen, ohne Gewalt und Missbrauch bei Kindern, Jugendlichen und Erwachsenen.

Zum anderen wollen wir durch öffentliche Bildung, Dialoge, Formulierung von Werten und dem Verbreiten von relevanten, wissenschaftlichen Erkenntnisse die Art und Weise beeinflussen, wie Männer und Frauen über ihre Familien denken und sie aufbauen. Ebenso wollen wir die Werte und das Verhalten in Kinderkrippen, Kindergärten und Schulen so beeinflussen, dass eine optimale Umgebung für ein gemeinsames, soziales, emotionales, kreatives und akademisches Lernen entsteht.

Unsere Vision sind Familien, Institutionen und Gesellschaften mit viel weniger Gewalt, Missbrauch, Sucht und Vernachlässigung. Wir wollen allen guten Willen, Liebe und Hingabe mobilisieren, innerhalb von Familien, Organisationen, wie auch in der Gesellschaft als Ganzem.

»Das Schlüsselwort heißt Beziehung. Ihre Qualität entscheidet über unser Wohlbefinden und unsere Entwicklung als Mensch. Kinder werden mit allen wesentlichen menschlichen Qualitäten geboren und haben daher auch dieselbe Verletzlichkeit und Überlebensfähigkeit wie Erwachsene. Eltern zu sein bedeutet, eine Rolle im Leben einzunehmen, die uns vor große Herausforderungen stellt. Das sogenannte Problem oder Symptom ist nicht so wichtig. Wichtig ist die Person, die das Symptom trägt. Wir können das Problem nicht lösen, aber wir können Menschen darin unterstützen, destruktive Systeme, Perspektiven und Verhalten ins Konstruktive zu wandeln.« Jesper Juul